Ostdeutsche Gerichte
mit Geschichte(n)

Ostdeutsche Gerichte mit Geschichte(n)

gekocht & erzählt von
Herbert Frauenberger

BuchVerlag
für die Frau

ISBN 978-3-89798-513-1

4. Auflage 2018
© BuchVerlag für die Frau GmbH, Leipzig 2017
Covergestaltung und Layout: Uta Wolf, Quedlinburg
Seite 2: Schloss Molsdorf bei Erfurt
Bildnachweis: S. 96

Druck und Bindung: Print Consult GmbH, München
Printed in Czech Republic

www.buchverlag-fuer-die-frau.de

*I*nhalt

Der unverwechselbare Geschmack von Heimat

Meine Begeisterung fürs Kochen entstand eigentlich in der Thüringer Küche meiner Großmutter, die ebenfalls Köchin war und mit Engelsgeduld und viel Hingabe kochte. Ich liebte es, ihr beim Rühren und Schnippeln, Probieren und Hantieren mit allerlei Gerätschaften zuzusehen. Sie hat mir die ersten Grundlagen und Tricks beigebracht – und auch, wie man mit Lebensmitteln sorgfältig umgeht.

Und wenn dann nach emsiger Küchenarbeit ein wohlriechender Braten oder einfach „nur" ihre perfekte Linsensuppe oder die unvergessenen riesigen Sonntagsklöße auf dem Tisch standen, glich das immer wieder einem kleinen Wunder.

Für mich stand daher schon als Kind fest: Ich wollte auch Koch werden! Mit einer Lehre im *Schlosshotel Reinhardsbrunn* im Jahr 1969 ging es los. Es folgten ein Studium an der Hotelfachschule in Leipzig sowie lehrreiche Jahre als Sous-Chef im 5-Sterne-Hotel *Metropol* in Berlin (Friedrichstraße), später als Küchenchef des Internationalen Handelszentrums.

Das beste Angebot kam jedoch 1985, als man mich fragte, ob ich auf dem Luxusliner *MS Arkona* arbeiten wolle. Und ob ich wollte! Als *Chef Gardemanger* war ich hauptsächlich für die üppigen kalten Büfetts zuständig – und konnte dabei viele Länder in Europa und Übersee bereisen. Für einen DDR-Bürger wohl eine einmalige Chance.

Nach der Rückkehr in meine Thüringer Heimat durfte ich von 1989 bis 1995 als Patron (nach französischem Vorbild Chef und Küchenchef in einer Person) das berühmte *Gasthaus zum Weißen Schwan* in Weimar führen – das einstige Stammlokal des Dichterfürsten Johann Wolfgang von Goethe. Nicht nur die Weimarer, sondern auch internationale Staatsgäste, wie z. B. das japanische Kaiserpaar, die dänische Königin Margrethe mit Prinzgemahl Henrik, Michail Gorbatschow und Willy Brandt, sowie andere Persönlichkeiten aus Wirtschaft, Kunst und Kultur gaben sich hier die Klinke in die Hand.

Von 1994 bis 1999 konnte ich schließlich als Fernsehkoch in mehr als 230 Sendungen im MDR meiner Kochbegeisterung freien Lauf lassen – und damit vielleicht auch andere fürs Kochen begeistern.

Einen meiner größten Wünsche erfüllte ich mir im Jahr 2008. Mit meiner eigenen *Siemens lifeKochschule* und als Privatkoch gebe ich nun Hobbyköchen und Küchen-Enthusiasten mein in über vier Jahrzehnten erlerntes Wissen und Können weiter. Dazu schrieb ich mehrere Kochbücher – sowie rund 25 Jahre lang eine Kolumne für die Thüringische Landeszeitung.

Aus dieser Kolumne entwickelte sich auch die Idee zum vorliegenden Kochbuch. Ich dachte, es ist wichtig, dass insbesondere der ostdeutsche Rezeptschatz nicht verlorengeht. Denn viele Rezepte sind es wert, nachgekocht und weitergegeben zu werden, ebenso wie die dazugehörigen Geschichten, die viel über uns erzählen: wer wir waren und sind – und wie wir lebten und eben auch gekocht und gegessen haben.

Und so stellt sich jedem irgendwann auch unvermittelt die Frage: Was ist Heimat? Für mich war es definitiv zu einem großen Teil die Küche meiner Großmutter. Und ich weiß, dass es für viele Menschen ebenfalls die unvergleichlichen Gerichte sind, die eben nur Mütter oder Großmütter auf den Tisch zaubern können. Dabei wurden wir Ostdeutschen, auch bedingt durch verfügbare oder eben nicht verfügbare Zutaten, kulinarisch etwas anders geprägt. Heute sind alle Ingredienzien zu jedem nur denkbaren Gericht zu bekommen – und dennoch ist es immer wieder gut und richtig, nicht nur Neues auszuprobieren, sondern auch den Bezug zu unserer Geschichte und unseren kulinarischen Traditionen nicht zu verlieren.

So liebe ich, obwohl fest verwurzelter Thüringer, Exkurse in die Küchen anderer Länder, zum Beispiel in die australische Küche – und das nicht nur, weil meine jüngere Tochter Julia seit mehr als zehn Jahren an der australischen Ostküste in Brisbane lebt.

Dennoch bleibe ich ein Verfechter der Regionalküche und verwende dort, wo es möglich ist, regionale Produkte. Ich bin eben nicht nur stolz auf meine Thüringer Heimat, sondern auch aus Leidenschaft Koch. Mein Lieblingsrezept besteht aus erstklassigen Zutaten, einer reichlichen Portion Lebensfreude, einer gehörigen Prise Humor sowie Erfahrung. Alles nach dem Motto: Alles was man *gerne* tut, wird auch *gut*!

Ich wünsche viel Freude beim Lesen,
Spaß beim Kochen und guten Appetit.
Ihr Herbert Frauenberger

Wenn nicht anders angegeben, gelten alle Gerichte für 4 Personen.

Köstlichkeiten im Suppenteller

Erinnere ich mich an meine Lehrzeit und ersten Berufsjahre in der DDR, dann fällt mir wieder ein, dass

Blumenkohlsuppe
Crème Dubarry

Blumenkohl etwas Besonderes und im Winter frisch so gut wie nicht zu bekommen war. Heute kann man sich das, angesichts der vollen Gemüseregale in den Supermärkten, kaum noch vorstellen. Und doch: Geschmacklich bietet die eigene sommerliche Gartenernte bzw. die Freiland-Bioware mehr.

Gerichte mit Blumenkohl erhielten in der DDR oft den klangvollen Namen *Dubarry*: So zum Beispiel ein Schweinesteak, das mit Blumenkohlröschen belegt und mit Käse oder Sauce hollandaise überbacken wurde, aber eben auch die köstliche Blumenkohlsuppe *Crème Dubarry*, die heute noch wegen ihrer feinen

cremigen Konsistenz und ihres dezenten Blumenkohlgeschmacks geschätzt wird.

Schon im alten Rom zählte Blumenkohl zu den Delikatessen. Richtig populär wurde das Gemüse allerdings in Frankreich zu Zeiten von König Ludwig XV. – und zwar durch seine Mätresse: Marie-Jeanne Bécu, die sehr hübsch gewesen sein soll, stammte aus einfachen Verhältnissen und hatte zunächst den Grafen du Barry erobert, der sie durch Heirat zur Gräfin Dubarry machte. Doch Marie-Jeanne schwärmte für den alternden König Ludwig XV., weckte sein Interesse und wurde schließlich seine Geliebte.

Ihre *kulinarische* Leidenschaft soll dem Blumenkohl gegolten haben – und so wurde dieses Gemüse am französischen Hof sehr geschätzt. Die Köchin von Madame Dubarry, der wir das Rezept zu verdanken haben, erhielt für ihre Verdienste sogar den *Ordre du Saint-Esprit*.

Diese Tradition, die besten Köche Frankreichs zu ehren, wird übrigens noch heute in der französischen Kochschule *Le Cordon Bleu* gepflegt.

Mit ihrer Verschwendungssucht und ihren Intrigen hatte sich Madame Dubarry aber nicht nur Freunde gemacht. Nach dem Tod des Königs 1774 und dem Ausbruch der Revolution 1789 wurde sie wegen Unterstützung von Emigranten und Verschwendung von Staatsgeldern verhaftet, zum Tode verurteilt und am 8. Dezember 1793 durch die Guillotine hingerichtet.

Der märchenhafte Aufstieg des einfachen Mädchens Marie-Jeanne Bécu zur Mätresse des Königs faszinierte später noch viele Menschen, ihre Geschichte wurde Stoff für Romane, Theaterstücke, Operetten und Filme.

Die Blumenkohl-Rezepte machten sie auch in der Küche unsterblich – und in der ostdeutschen Küche sowieso, in der die *Crème Dubarry* zu den Klassikern zählte.

500 g Blumenkohlröschen
100 g Kartoffeln, mehligkochend
1/4 l Rinderbrühe
1/2 l Vollmilch
Salz, weißer Pfeffer, geriebene Muskatnuss
1 TL frisch gepresster Zitronensaft
1/8 l Küchensahne
1 Eigelb
4 TL gehackter Kerbel

Die geputzten und gewaschenen Blumenkohlröschen sowie die geschälten und in kleine Würfel geschnittenen Kartoffeln in der Brühe zusammen mit der Vollmilch bei milder Hitze etwa **25 Minuten** kochen. Sind Blumenkohl und Kartoffeln schön weich, das Ganze mit dem Mixstab sehr fein pürieren. Den Ansatz durch ein Sieb streichen, um letzte Klümpchen zu entfernen. Mit Salz, weißem Pfeffer, geriebener Muskatnuss sowie dem frisch gepressten Zitronensaft abschmecken. Die Suppe noch einmal erhitzen, ohne sie kochen zu lassen. Jetzt Küchensahne und Eigelb verquirlen und die Suppe unter Rühren damit legieren. (**Achtung**: Wenn die Suppe jetzt kocht, dann gerinnt das Eigelb und die Suppe sieht nicht mehr gut aus.)

Suppe auf Tellern oder in Suppentassen anrichten und mit gehackten Kerbelblättchen bestreuen, eventuell einige separat gegarte ganz kleine Blumenkohlröschen obenauf setzen.

Tipp

Ersetzt man den Blumenkohl durch Brokkoli, dann entsteht eine sehr feine grüne Suppe, die Madame Dubarry sicher auch geschmeckt hätte …

Ukrainische Fleischsoljanka

Die Soljanka, die zwar mittlerweile in ganz Deutschland bekannt ist, gehörte (und gehört immer noch) zu den beliebtesten ostdeutschen Gerichten. Dabei war sie noch nicht einmal von der Mangelwirtschaft „staatlich verordnet". Natürlich überzeugte sie durch die unkomplizierten, leicht zu beschaffenden Zutaten – aber es ist auch einfach eine köstliche Suppe, mit der eine größere Familie satt wurde.

Als Suppe vom Lande trug sie einst den Namen *Seljanka* (*selski* bedeutet *ländlich*). Essiggemüse, Salzgurken und auch Pilze gehören genauso hinein wie Salz, im Russischen *Sol* – und so kam sie dann auch zu ihrem Namen.

Manche verbinden mit Soljanka leider immer noch die dickwandige Mitropa-Suppentasse oder den tiefen Teller in Schul- oder Betriebskantinen, die mit undefinierbarer roter Suppe gefüllt wurden. Aber Soljanka stand auch in der gehobenen Gastronomie auf der Speisekarte – bis heute. Und gut und richtig zubereitet, hat sie mit Mitropa-„Geschmackserlebnissen" nichts zu tun. Ihren Geschmack kann man von leicht säuerlich bis würzig-scharf beschreiben.

Ein einheitliches Rezept für Soljanka gibt es nicht, aber eines steht fest: Obwohl die Suppe in ihrer osteuropäischen Heimat zur Resteverwertung dient, haben randgewellte Scheiben von Blutwurst und Aufschnittscheiben vom Frühstücksbüfett des Hotelrestaurants in dieser Suppe nichts zu suchen. Hingegen können in Streifen geschnittene Endstücke von Kalbs-, Schweine-, oder Rinderbraten durchaus hinein. Charakteristisch sind der Klecks saure Sahne und die Scheibe von der geschälten Zitrone auf der Suppe.

Geht man zurück bis ins 18. Jahrhundert, dann gab es wohl zuerst die Fischsoljanka.

Wie viele Soljankarezepte es heute gibt, weiß wohl niemand genau. Ich habe selbst schon eine Vielzahl von leckeren Abwandlungen entdeckt. So sind zum Beispiel gehackte Kapern oder Olivenscheiben eine tolle Bereicherung. Der Kreativität der Köchin oder des Kochs sind bei dieser Suppe keine Grenzen gesetzt! Nachfolgend ein Fleischsoljanka-Rezept, das ich sehr mag.

Mit Team in der TV-Küche des MDR

75 g durchwachsener Speck

100 g Zwiebeln

40 g Margarine

100 g Schweinebraten

100 g Rinderbraten

75 g Kochschinken

50 g Tomatenmark

30 g Paprikamark
(früher „Pritamin")

Knoblauch nach Geschmack

Pfeffer, Salz, 1 Lorbeerblatt

1 TL gehackte Kapern

1 l Rinderbrühe

80 g Salzgurke
(mit Salzgurkenbrühe)

4 Scheiben von 1 geschälten
Zitrone

4 EL saure Sahne

Den Speck in feine Würfel schneiden und zusammen mit den geschälten und ebenfalls in feine Würfel geschnittenen Zwiebeln in der ausgelassenen Margarine goldgelb schwitzen. Nun die in feine Streifen geschnittenen Bratenstücke und Schinkenstreifen zugeben. Alles zusammen gut durchschwitzen. Tomaten- und Paprikamark sowie zerriebenen Knoblauch nach Geschmack, Pfeffer, Salz, das Lorbeerblatt und die gehackten Kapern zufügen. Nun mit der Brühe aufgießen und eventuell auch etwas von der vorhandenen Salzgurkenbrühe zugeben. Den Ansatz gut durchkochen. Die in Streifen geschnittene Salzgurke gebe ich zum Schluss zu. Beim Anrichten jeweils eine Scheibe der geschälten Zitrone und einen Klecks saure Sahne auf die Suppe geben.

Tipp

Wie bei vielen Suppen und Eintöpfen schmeckt auch die Soljanka nach dem ersten Aufwärmen einfach besser. Deshalb koche ich sie gerne am Vortag. So kann sich der Geschmack der verschiedenen Zutaten besser vereinen und das Aroma der zugegebenen Gewürze entfalten.

Ein chinesisches Sprichwort sagt: „Wenn der Wind der Veränderung weht, bauen die einen Mauern und die anderen Windmühlen." Meine Arbeit als Küchenchef im Bad Köstritzer Hotel *Goldner Loewe* habe ich nach der Wende als Chan-

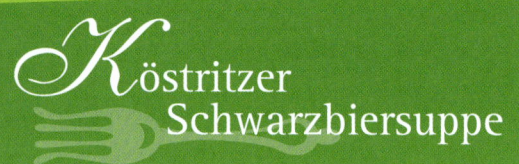

Köstritzer Schwarzbiersuppe

ce gesehen, einem wirklich liebevoll und aufwändig restaurierten Traditionshaus einen kulinarisch interessanten Stempel aufzudrücken. Doch das Management hatte anderes vor – und bevorzugte wohl die Mauern statt der Windmühlen.

Dennoch verbinde ich mit Bad Köstritz sehr viel Positives: So habe ich in den beiden Jahren dort sowohl einen wirklich guten Freund als auch viele schöne Eindrücke von einer zauberhaften Thüringer Kleinstadt gewonnen. Unvergesslich ist für mich der Blick aus dem mir zur

Verfügung gestellten Gartenpavillon durch uralten Buchenbestand zur Köstritzer Schwarzbierbrauerei, die weit mehr zu bieten hat als nur das „Schwarze mit der blonden Seele". Aber genau mit dieser Spezialität wird die Köstritzer Schwarzbiersuppe hergestellt.

Bier zählte bis zum 19. Jahrhundert zu den Grundnahrungsmitteln. Es hatte einst nur einen sehr geringen Alkoholgehalt und wurde auf dem Lande oft schon zum Frühstück getrunken. Da es sehr nahrhaft war, lieferte es die Energie für die schwere Feldarbeit. Die zweite wichtige Zutat für die Suppe ist Brot. Oft wurde es nur einmal im Monat auf Vorrat gebacken und dann in irdenen Gefäßen aufbewahrt. Eine Brotsuppe war die perfekte Möglichkeit zur Verarbei-

tung von altbackenen Brotkanten. Mit Brühe oder auch Wurstsuppe aufgegossen und unter Zugabe von Kartoffeln, Zwiebeln und Kräutern entstand eine schmackhafte und zugleich sehr nahrhafte Mahlzeit, die auch Kranken gegeben wurde, damit sie wieder zu Kräften kamen. Lange Zeit scheinbar in Vergessenheit geraten, erlebte die Bier-Brotsuppe nach dem Krieg und in der DDR eine Renaissance. Die Köstritzer Schwarzbiersuppe ist jedoch alles andere als eine „einfache Mahlzeit" oder ein „Arme-Leute-Essen". Da sie sehr gehaltvoll ist, muss man die Portionsgröße den weiteren Menügängen anpassen. Von meinen Gästen erfuhr ich, dass die Schwarzbiersuppe auch gut zu einem Frühschoppen passt. Also eigentlich gibt es keine Gründe, sie nicht mal wieder auszuprobieren ...

Hotel „Goldner Loewe"
in Bad Köstritz

50 g Champignons

50 g saure Gurke

50 g Zwiebel

30 g durchwachsener Speck

30 g Butter

1 Knoblauchzehe

1/3 l Köstritzer Schwarzbier

3/4 l kräftige Rinderbrühe

150 g Schwarzbrot ohne Rinde

Salz, Pfeffer

1 Kästchen frische Gartenkresse

Die geputzten Champignons, die saure Gurke und die gepellte Zwiebel fein hacken, den Speck in kleine Würfel schneiden. In der geschmolzenen Butter die feinen Speckwürfel leicht ausbraten und dann die Zwiebelwürfel glasig anschwitzen. Nach Belieben gibt man die fein geschnittene und mit Salz verriebene Knoblauchzehe zu.

Nun die Champignons und die saure Gurke zufügen und alles gut durchschwenken. Schwarzbier und Brühe zugießen und alles aufkochen lassen. Das entrindete Schwarzbrot zerbröseln, zur Bindung der Suppe zugeben und kurz mitkochen (man kann prima auch altbackenes Brot dafür verwenden). Anschließend die Suppe gründlich mit dem Mixstab pürieren, noch einmal vorsichtig aufkochen lassen, mit Salz und Pfeffer abschmecken. Beim Anrichten mit gehackter Gartenkresse bestreuen.

Dorfkirche von Gleina,
einem Ortsteil von Bad Köstritz

Das märkische Rübchen würde wahrscheinlich immer noch nur „eines unter vielen" sein, wenn lich Autodidakt und wie sein Vater Maurermeister war, wurde Goethes Duzfreund. Und er spielte interes-

Herbstlicher Rübcheneintopf mit Hackfleischbällchen

nicht einige prominente Liebhaber es populär gemacht hätten. Zu diesen gehörte Dichterfürst Johann Wolfgang von Goethe, aber auch die russischen Zaren, Napoleon Bonaparte oder Papst Pius IX. Alle liebten den feinen Geschmack des Rübchens, von Napoleon *Navets de Teltow* genannt. Ob Goethe bei seiner einzigen Berlinreise im Jahr 1779 oder doch erst später die Rübchen entdeckte, ist nicht belegt. Sicher ist allerdings, dass der damals noch junge Goethe von der Großstadt verstört war und nicht wieder nach Berlin fahren wollte. Vielmehr lud er später Berliner Persönlichkeiten wie Humboldt, Chodowiecki oder Zelter nach Weimar ein. Der Komponist und Dirigent Carl Friedrich Zelter, der eigent-

santerweise eine wichtige Rolle bei der Versorgung des Dichters mit Teltower Rübchen.

Bereits im 13. Jahrhundert bauten Mönche kleine Rübchen im märkischen Sandboden an. Diese Erfahrung nutzten später auch Bauern im Landschaftsgebiet zwischen den Flüssen Dahme und Nuthe, das man *den Teltow* nannte. Das Gemüse scheint sich im kargen Sandboden besonders wohl zu fühlen und entwickelt nur unter diesen Bedingungen den so beliebten Geschmack, der am ehesten als feinwürzig-süßlich bis pikant zu beschreiben ist. Das Umland der ebenfalls im 13. Jahrhundert entstandenen Stadt Teltow wurde zum Anbauzentrum des Rübchens.

Als im Jahr 1711 eine Feuerbrunst die gesamte Stadt vernichtete, setzten die Menschen alles auf eine Karte – und der Wiederaufbau ihrer Stadt gelang ihnen mit dem inzwischen sehr begehrten Herbstgemüse. Tonnenweise wurde es auf die Märkte in Berlin und sogar nach Lissabon oder Moskau geliefert. Die Rübchen wurden und werden gern zum Weihnachtsbraten gereicht, sie schmecken aber auch zu verschiedenen anderen Fleischgerichten: zu geschmorten Bratenstücken, Steaks, Geflügel oder Wild. Sie werden geschält und in Keile oder Scheiben geschnitten und dann gedämpft oder gedünstet. In karamellisiertem Zucker angeschwenkt schmecken sie mir persönlich am besten.

Goethes Freund Zelter kannte die Vorliebe des Dichterfürsten. Jedes Jahr schickte er ab Oktober mehrfach Rübchen gut verpackt ins thüringische Weimar. Goethe bedankte sich mit griechischen Trockenfrüchten ...

400 g Teltower Rübchen
200 g Möhren
200 g Porree
200 g Schotenerbsen
300 g Hackfleisch, halb und halb
1 Ei
50 g Semmelmehl
Salz, weißer Pfeffer, nach Geschmack geriebene Muskatnuss
1 1/2 l kräftige Rinderbrühe
1 kl. Bund Schnittlauch

Die Rübchen und Möhren schälen, waschen und nicht zu fein würfeln. Porree putzen, gründlich waschen und in Streifen schneiden. Schotenerbsen pulen und waschen. Hackfleisch mit aufgeschlagenem Ei, Semmelmehl sowie etwas Salz, Pfeffer und geriebener Muskatnuss gründlich zu einem Teig verkneten und daraus kleine Bällchen formen. Diese in der erhitzten Brühe garen, bis sie an der Oberfläche schwimmen. Jetzt die Bällchen mit der Schaumkelle herausnehmen und das vorbereitete Gemüse in die Brühe geben. Nach etwa **15 bis 20 Minuten** Kochzeit auf kleiner Flamme die Fleischbällchen wieder dazugeben. Alles nochmals abschmecken und zum Schluss den gewaschenen und in feine Röllchen geschnittenen Schnittlauch zugeben.

Thüringer Kartoffelsuppe mit Kresseschaum und Flusskrebskrapfen

Ein Tag, den ich nicht vergessen werde, war der 16. September 1993. Von der Thüringer Staatskanzlei erhielten wir den Auftrag, das japanische Kaiserpaar Akihito und Michiko im *Gasthaus zum Weißen Schwan* in Weimar zu bewirten.

Aber was kocht man, wenn zwar gehobene Regionalküche gewünscht wird, aber die japanischen Hoheiten aus einer uns wenig bekannten Kultur kommen? So gingen dem gerade mal fünfstündigen Aufenthalt des Tenno in der Klassikerstadt Weimar eine ganze Reihe von Überlegungen, Testessen durch Japaner und kreative Umwandlungen beliebter thüringischer Spezialitäten voraus.

Zu Beginn wagten wir, zwei von der Konsistenz perfekt abgestimmte Suppen in einem Teller anzurichten – mit typischen thüringischen Zutaten: Eine feine Kartoffelrahmsuppe mit kleinen Würfeln von Wurzelgemüse „traf" auf eine Schaumsuppe von Brunnenkresse. Der knusprig gebackene Flusskrebskrapfen in der Suppe deutete an, dass diese köstlichen Krabbeltiere zu Goethes Zeiten in der sich durch Weimar schlängelnden Ilm zu finden waren. Danach gab es Kräuter-Steinpilze aus heimischen Wäldern, bevor im Hauptgang in Frühstücksspeck gebundene Hirschmedaillons zusammen mit Goethes Lieblingsgemüse serviert wurden: mit kleinen Möhrchen, Teltower Rübchen und Blumenkohlröschen.

Selbstverständlich sollte mit dem Dessert noch ein krönender Abschluss gesetzt werden. Kaiserschmarrn wäre da sicher zu einfallslos gewesen. So ersannen wir, mit vielen Proben verbunden, einen weißen Baiserschwan mit einem Körper aus Holunderparfait auf einem blauen Curaçao-Geleespiegel. Die Mühen wurden belohnt: Die Kaiserin applaudierte spontan, als ihr das Dessert serviert wurde … Wir waren stolz, dass sowohl das Kaiserpaar mit Gefolge als auch der damalige Ministerpräsident Bernhard Vogel mit seinem Stab von unserer kulinarischen Kreativität so begeistert waren. Abweichend vom Protokoll bedankte sich Kaiser Akihito bei mir für die Bewirtung – und reichte mir zur Verabschiedung die Hand: in Japan schlichtweg undenkbar.

Hier das Rezept für die besondere Suppe, das möglicherweise etwas anspruchsvoll ist, aber der Genuss entschädigt für alle Mühen!

300 g geschälte Kartoffeln

1/2 l kräftige Rinderbrühe

1/2 l Küchensahne

je 80 g geputzte und gewaschene Möhren, Sellerie und Porree

80 g durchwachsener Speck

60 g feine Zwiebelwürfel

je 1 EL sehr fein geschnittene Petersilie und Schnittlauchröllchen

30 g Butter

1 TL helles Weizenmehl

200 g Brunnenkresse

4 Flusskrebsschwänze

120 g feine Kalbfleischfarce (vom Metzger)

etwas dünner Frittierteig (100 g Weizenmehl, 100 ml Weißwein, 2 Eigelb und 1 EL Speiseöl miteinander verrühren und mit weißem Pfeffer und Salz abschmecken, dann 1/2 Stunde quellen lassen und zum Schluss 2 steif geschlagene Eiweiß unterheben)

Backfett zum Ausbacken

Salz, weißer Pfeffer

4 Zweige Dill

Für die Kartoffelsuppe die in Würfel geschnittenen Kartoffeln in der Hälfte der Brühe gar kochen und mit dem Mixstab pürieren. Die Hälfte der Küchensahne zugeben. Das Gemüse in sehr feine Würfel schneiden und bissfest dämpfen. Speck und Zwiebeln in sehr feine Würfelchen schneiden. Die Speckwürfel auslassen und darin die Zwiebelwürfel glasig dünsten. Zur Suppe geben und abschmecken. Zum Schluss die Kräuter zugeben.

Für die Kresse-Schaumsuppe aus Mehl und Butter eine helle Schwitze herstellen. Mit der restlichen Brühe und Küchensahne kalt angießen und bis zum Siedepunkt unter ständigem Rühren erhitzen. Gut durchkochen lassen, dann die fein geschnittene Brunnenkresse hineingeben. Mit dem Mixstab kurz aufschäumen.

Die im Salzwasser etwa **3 bis 4 Minuten** gegarten und anschließend vom Panzer befreiten Flusskrebsschwänze in die Kalbfleischfarce einhüllen und mit zwei Esslöffeln vier gleichmäßige Nocken herstellen. Diese durch den Frittierteig ziehen und im erhitzten Backfett knusprig ausbacken.

Im Idealfall sollte die Konsistenz beider Suppen so sein, dass sie sich beim Eingießen mit zwei Kellen auf einem Teller nicht vermischen und in der Mitte des Tellers eine Trennlinie bilden. Auf diese Linie wird der Flusskrebskrapfen gesetzt, mit einem Dillzweig garniert und sofort serviert.

Liebenswerte & leckere Kleinigkeiten

Ragout fin – feines Kalbfleischragout

Mit seinem klangvollen Namen scheint das *Ragout fin* eindeutige Wurzeln in der französischen Küche zu besitzen. Doch die meisten Franzosen und auch französische Köche kennen es gar nicht: Kaum zu glauben, aber das Ragout fin ist ein durch und durch deutsches Gericht, das vermutlich im Berlin der 1920er Jahre entstand. In der Regel wurde übrig gebliebenes, gegartes Fleisch in kleine Würfel geschnitten, mit einer leicht säuerlichen hellen Sauce gebunden und zu einem feinen Ragout verarbeitet. Bekanntlich unterstützt ein anspruchsvoller Name den Verkaufserfolg eines Produktes und so wurde aus dem recht nüchternen *feinen Ragout* das *Ragout fin* (in thüringischem Dialekt auch gern liebevoll *Rachefeng* genannt). Es ist jedoch auf keinen Fall eine „Rache" der Köche, sondern ein leckeres Traditionsgericht – vor allem in Ostdeutschland.

Dabei wurde mir noch in meiner Lehrzeit beigebracht, dass der Name *Ragout fin* nur verwendet werden darf, wenn es von Kalbfleisch hergestellt wird. Oft genug gab es jedoch in der DDR kein oder nur sehr wenig Kalbfleisch. Um die Nachfrage trotzdem stillen zu können, wurde das Kalbfleisch durch Schweine- oder Geflügelfleisch ersetzt und das Gericht *Würzfleisch* genannt – nur ein Beispiel dafür, dass ostdeutsche Köche wohl Weltmeister für Ersatzlösungen waren. Unverwechselbar gut schmeckt es jedoch wirklich nur mit Kalbfleisch.

Als ich unter Leitung des großartigen Leipziger Küchenchefs Eberhard Blüthner auf dem Motorschiff Arkona arbeitete, ließ dieser eine alte Tradition aufleben: Auf das Ragout fin kamen gebrühte, gehäutete und gegarte, gebutterte oder gebackene Hahnenkämme. Die meisten Passagiere waren jedoch mit dieser Delikatesse überfordert und so landeten die Hahnenkämme größtenteils in der *Foulbrass* (der Mülleimer in der Seemannssprache) – eigentlich schade, denn viel Arbeit und Engagement war damit verbunden!

Charakteristisch für die Zubereitung des Ragout fin sind der Butteransatz, die feinen Schalottenwürfel, klein gehackte Champignons, der dezente Zitronengeschmack, die Zugabe von Weißwein und das Aroma von Worcestersauce. Die Bindung erhält das Ragout durch eine cremige Sahnesauce. Eine Zitronenecke als Garnitur gehört übrigens unbedingt dazu!

Heutzutage, wo alle Zutaten leicht zu besorgen sind, sollte dieses leckere Gericht unbedingt wieder häufiger auf dem Tisch stehen …

400 g gekochtes, mageres
Kalbfleisch

80 g Schalotten

200 g feste Champignons

80 g Butter

Salz, weißer Pfeffer

50 g Weizenmehl

200 ml Schlagsahne

4 – 6 EL Weißwein

Zitronensaft

Worcestersauce

80 g geriebener Käse

Kalbfleisch im kochenden Salzwasser mit reichlich Suppengemü-
se und Lorbeer, Piment und Pfefferkörnern – den Gewürzklassi-
kern einer guten Brühe – nicht zu weich kochen und auskühlen
lassen. Fleisch danach in feine Würfel schneiden, ebenso die geschälten Schalotten. Die Champignons putzen und klein hacken.
In der Hälfte der Butter die Schalottenwürfel glasig dünsten. Die
gehackten Champignons zugeben und, mit Salz und weißem
Pfeffer gewürzt, unter ständigem Rühren anschwitzen.
Die restliche Butter schmelzen und mit dem Mehl zu einer gold-
gelben Schwitze verrühren. Die kalte Sahne und den Weißwein
sowie so viel abgeseihte Kalbsbrühe zugeben, bis eine dickflüssige
weiße Sauce entsteht. Diese mit etwas Zitronensaft und Worcestersauce abschmecken. Nun den Pilzansatz und das geschnittene
Kalbfleisch dazugeben, nochmals abschmecken und alles kurz
zusammen erhitzen.
Das fertige Ragout in vier feuerfeste Förmchen verteilen, mit Käse
bestreuen und im Ofengrill goldbraun überbacken. Mit getoaste-
tem Brot und einer Zitronenecke servieren.

Tipp

Wer das Ragout besonders cremig haben möchte, kann zum
Schluss noch ein Eigelb mit Sahne verquirlen und zugeben. Dann
darf die Masse jedoch nicht mehr kochen!

Russische Eier mit Räucherlachs und deutschem Kaviar

- Herr Ober, was ist Kaviar?
- Fischeier!
- Na, dann schlagen Sie mir mal zwei davon in die Pfanne!

Dieser zugegeben schon etwas ältere Witz kommt der Sache bereits nahe: Denn auf unseren Märkten tummeln sich allerlei Produkte, die den Beinamen *Kaviar* tragen, aber eben nur *Fischeier* sind: Meist werden sie aus dem Rogen verschiedener Fische gewonnen. Der einzig *echte Kaviar* stammt aber ausschließlich vom Rogen des Störes. Seinen Ursprung hat er im fernen Russland: in den Regionen des Kaspischen Meeres bis hin zur Ukraine, und im Süden bis zum Iran. Dort stellen nach alter Tradition hochdotierte Kaviarmeister den edlen Kaviar her, und zwar unter absolut sterilen Bedingungen und in höchstens zwanzig Minuten, um den Kaviar möglichst wenig mit Sauerstoff in Verbindung zu bringen.

Die Bestände der in freier Natur lebenden Störe wurden aber stark dezimiert. Nach dem Zerfall der ehemaligen Sowjetunion entstanden mit Turkmenistan, Aserbaidschan und Kasachstan weitere Staaten, die mit dem „schwarzen Gold" des Störes viel Geld erwirtschaften wollen, so dass man sich um den Fortbestand der Störe sorgen muss. Dennoch kann man noch ohne schlechtes Gewissen Kaviar genießen: Inzwischen züchtet man auch in Deutschland Störe und gewinnt den begehrten Rogen mittels einer Art „Kaiserschnitt". Bei dieser operativen Entfernung des Rogens unter Betäubung wird der wertvolle Fisch am Leben gehalten. Wie ich erfuhr, kann man diesen Vorgang bis zu sechsmal wiederholen. Je nach Art des Störes wird der von ihm gewonnene Rogen unter verschiedenen Namen gehandelt und ist auch von unterschiedlicher Qualität. Der wohl mit Abstand wertvollste Kaviar ist der *Almas*. Bei nur etwa 20 Kilogramm Weltjahresproduktion steht er über dem Goldwert, wird in einer goldenen Dose verkauft und selbstverständlich mit einem goldenen Löffel gegessen. Danach folgen *Beluga*, *Ossietra* und *Sevruga*.

Wer konnte sich in der DDR denn schon Kaviar leisten oder kam überhaupt an diese Delikatesse ran? So weit ging dann die Freundschaft der Sowjetunion zum deutschen Bruderland auch nicht, wenn man auf dem Weltmarkt „harte Devisen" dafür bekommen konnte. Also blieb als kleines Trostpflaster der Kauf einer kleinen Dose deutschen Kaviars im „Deli" oder auch „Fress-Ex" wie die überteuerten Delikatessenläden der DDR im Volksmund genannt wurden. Es war aber noch das geringere Problem, statt Störkaviar Seehasenrogen zu essen – schließlich nennen noch heute die Kölner ihre Blutwurst auf dem *Röggelsche* (Roggenbrötchen) *Kölsche Kaviar* ...

4 Eier

150 g Halbfettbutter

1 TL Senf

2 Spritzer Worcestersauce

Salz

2 Scheiben Räucherlachs

4 Mokkalöffel Kaviar
(z. B. Primuskaviar)

1 Zweig Petersilie

75 g Schmand

1 kl. Bund Schnittlauch

Salz, weißer Pfeffer

4 Scheiben Toastbrot

Die Eier **8 bis 10 Minuten** hart kochen, kalt abschrecken und pellen. Dann die Eier halbieren, das Eigelb herausnehmen und durch ein Sieb streichen. Nun die zimmerwarme Halbfettbutter, den Senf, die Worcestersauce und eine Prise Salz zugeben und mit dem Rührgerät schaumig rühren. Die Eimasse in einen Spritzbeutel mit Sterntülle einfüllen und in die Eihälften dekorativ einfüllen. Die Räucherlachsscheiben halbieren, jeweils eine Hälfte zu einem kleinen Röllchen zusammenrollen und diagonal auf die Eimasse setzen. Mit einem Mokkalöffel den Kaviar daneben setzen und mit einem kleinen Stück vom Petersilienzweig garnieren.

Schmand und fein geschnittenen Schnittlauch mit etwas Salz und weißem Pfeffer verrühren, davon je zwei Kleckse auf einen Teller geben. Darauf die garnierten Eier setzen. Mit einer Scheibe ofenwarmem Toast servieren.

Mitunter sind es die eher zu Unrecht in Vergessenheit geratenen Zutaten, die Gerichte erst richtig interessant machen – und das ist auch Teil meiner Philosophie beim Erlebniskochen in meiner Kochschule.

Salat mit Knollenziest

Ein schönes Beispiel dafür ist der Knollenziest. Den Tipp dazu bekam ich vor mehreren Jahren von meinem wirklich außerordentlich engagierten Gothaer Obst- und Gemüsehändler – und seitdem wächst in meinem Kräuter- und Gemüsegarten dieses Knollengemüse. Da ich bei gutem Wetter meine Gäste ganz gerne im Garten begrüße, zeige ich ihnen auch meine angebauten Pflanzen. Oft wird dann der wenig bekannte Knollenziest mit der im Garten nur einen „Steinwurf" entfernten Zitronenmelisse verwechselt. In der Tat ist der oberirdische Pflanzenteil wie bei der Melisse nesselartig behaart und das Stängel- und Blattwerk etwa 30 bis 40 Zentimeter hoch. Das Wichtige befindet sich aber unter der Erde. Dort verzweigen sich die Wurzelausläufer und bilden originell aussehende und geschmacklich äußerst interessante Knöllchen – für mich die angenehmsten „Knöllchen", die ich kenne …

Das Aussehen der zwei bis acht Zentimeter langen Wurzelknollen mit mehreren Einschnürungen erinnert beinahe an Raupen, an beiden Seiten allerdings spitz zulaufend. Der Reinigungsaufwand nach der Ernte ist durch die unebene Form recht groß, die Ernteerträge dagegen gering. Das rechtfertigt den hohen Kaufpreis des Herbst- und Wintergemüses. Man muss die zarten, weißen bis perlmuttfarbenen Knöllchen dafür aber nicht schälen.

Das Gemüse hat einen sehr feinen, nussartigen Geschmack und ist unter verschiedenen Namen bekannt: *Stachys*, in Frankreich *Crosnes* (benannt nach einer Ortschaft nahe Paris, wo wohl die ersten europäischen Exemplare der Pflanze angebaut wurden). Die eigentliche Heimat ist aber Japan und China. So wunderte es mich auch nicht, dass ich auf einem Jangtse-Kreuzfahrtschiff die Knöllchen als Salatzutat auf dem Salatbüfett fand. Erst 1882 nach Europa gekommen, wurde der Knollenziest dann auch hier schnell populär.

Man kann ihn ab Oktober bis in die frostfreie Zeit der Wintermonate ernten. Er ist sowohl in der warmen Küche einsetzbar als auch für Salate. Weil man ihn ähnlich wie Spargel zubereiten kann, wird er auch mitunter *Spargel des Herbstes* genannt. Wichtig ist, dass man die zarten Wurzelknöllchen wirklich nur ganz kurz gart. Sie harmonieren mit allerlei Kräutern wie Petersilie, Basilikum oder Koriander und Thymian. Auch etwas Muskatabrieb passt immer.

Alles in allem ein Gemüse, das wirklich eine Wiederentdeckung verdient!

Knollenziest

300 g Knollenziest (alternativ: Topinambur)
150 g Feldsalat
3 – 4 EL Rinder- oder Hühnerbrühe
1/2 Tasse Traubenkern- oder Walnussöl
Weißweinessig nach Geschmack
Saft von 1/2 Zitrone
Salz, weißer Pfeffer, Zucker
1 Zwiebel
1 Bund Petersilie
4 hartgekochte Eier

Den gründlich gereinigten Knollenziest etwa **3 Minuten** in kochendem Salzwasser blanchieren. Auf einem Sieb abgießen. Feldsalat putzen und ebenfalls gründlich waschen. Brühe mit dem Öl gut verrühren und mit Essig und Zitronensaft nach Geschmack säuern. Mit Salz, Zucker und weißem Pfeffer abschmecken. Zwiebel schälen und reiben, zusammen mit der fein gehackten Petersilie zugeben.

Feldsalat durch die Marinade ziehen, herausnehmen und auf vier Salattellern anrichten. Dann den geputzten Knollenziest in die Salatbeize geben und darin kurz marinieren. Mit der Schaumkelle aus der Marinade nehmen und auf dem Feldsalat anrichten.

Eier in Viertel schneiden und damit alles hübsch garnieren. Dazu reicht man eine Brotauswahl oder einfach ofenwarmes Baguette.

Jeder spricht schon mal von der *Saure-Gurken-Zeit*, ohne groß darüber nachzudenken, wo diese Redewendung eigentlich herkommt. In den Sommermonaten wachsen oft so viele Gurken, dass man sich Gedanken darüber machen sollte, wie diese am besten zu konservieren sind – und somit als delikate Beilage oder Zutat später zur Verfügung stehen. Es ist aber auch die Zeit, in der sehr viele Menschen im Urlaub sind und Geschäftsleute meist mit einer Flaute zu kämpfen haben.

Gurken sind bekanntlich sehr kälteempfindlich; ursprünglich sollen sie in Ägypten oder Indien beheimatet gewesen sein. Ganz sicher ist das bis heute nicht. Fest steht aber, dass die alten Ägypter bereits vor fast 4000 Jahren Gurken aßen und dagegen beispielsweise im Thüringer Hainich erst im vergangenen Jahrhundert der Gurkenanbau einzog.

Eingelegte saure Gurken

Obwohl die Gurke bis zu 97 Prozent aus Wasser besteht, besitzt sie viele gute Eigenschaften, die sie zu einer sehr beliebten Küchenzutat machen: kalorienarm, vitamin- und mineralstoffreich und nicht zuletzt knackig-frisch. Die kletternden, meist im Gewächshaus anzutreffenden Salatgurken besitzen eine zarte Schale, die man im erntefrischen Zustand eigentlich nicht zu schälen braucht. Die rankenden, niederliegenden – meist Freilandgurken – haben dagegen eine feste, mitunter sogar ledrige Haut, die man besser abschält.

Früher musste man sich wegen der oft in den Gurkenenden enthaltenen Bitterstoffe Sorgen machen, heute jedoch nicht mehr: Durch Züchtung ist dies bei Gewächshausgurken nicht mehr notwendig. Sortenbedingt können jedoch Freilandgurken durch Wachstumsstockungen noch immer bitter sein; deshalb sollte man sie vor der Verarbeitung kosten.

Mir schmecken die selbst eingelegten Gurken am besten. Die nicht voll entwickelten, sechs bis neun Zentimeter kleinen Gurken werden sauer mariniert auch Cornichons genannt. Die aromatischen, Appetit anregenden Gürkchen nach meinem Hausrezept sind eine perfekte Beigabe zu allerlei Fleisch- und Wurstspezialitäten.

Tipp

Noch einige Tipps für Einkauf und Lagerung:
Frische Gurken haben eine straffe und gleichmäßig grüne Haut. Welke Spitzen und eingetrocknete Stielansätze sind ein Zeichen für überlagerte, minderwertige Ware.
Wegen ihrer Kälteempfindlichkeit lagert man Gurken kühl, aber nicht kalt: Sie gehören ins leicht gekühlte Gemüsefach oder in den kühlen Kellerraum bei etwa 12 °C.
Sie benötigen auch eine hohe Luftfeuchtigkeit. Tomaten oder Früchte, die Ethylengas ausscheiden (wie z. B. Äpfel) sollte man nicht zusammen mit Gurken aufbewahren, da dieses Gas die Haltbarkeit der Gurken erheblich verringert.

*für einen großen Steinguttopf
oder 6 Gläser à 1 l*

*3 kg kleine Freiland-Einlege-
gurken*

Salzwasser

für die erste Marinade:

1 1/2 l Weißweinessig

1 l Wasser

*150 g Salz
zur Sterilität*

für die zweite Marinade:

1 1/2 l Weißweinessig

1/2 l Wasser

350 g Zucker

300 g Perlzwiebeln

80 g Meerrettichstange

1 TL Pfefferkörner

2 Lorbeerblätter

2 gehäufte EL Senfkörner

evtl. 1 Bund Dill

Die gründlich gewaschenen und gebürsteten Gurken werden für einen Tag in kräftigem Salzwasser eingeweicht und an einen kühlen Ort gestellt. Nach ca. **24 Stunden** wird die Flüssigkeit abgegossen und die Gurken werden mit kaltem Wasser abgebraust. Nun die Gurken in entsprechende Twist-Off-Gläser oder in einen großen Steinguttopf dicht an dicht schichten und die erste Marinade aufgießen. Behälter verschließen und nochmals **einen Tag** an einen kühlen Ort stellen. Auch diese Marinade wird weggegossen.

Für die zweite Marinade den neuen Essig mit Wasser und Zucker zum Kochen bringen. Hitze reduzieren und die geschälten Perlzwiebeln, den geschälten und in dünne Scheiben geschnittenen Meerrettich, Pfefferkörner, Lorbeerblätter und Senfkörner zugeben. Nochmals kurz aufkochen und danach langsam abkühlen lassen. Nach Geschmack Dillkraut zugeben.
Hat der Sud **Zimmertemperatur** erreicht, diesen komplett über die Gurken gießen. Im großen Topf die Gurken mit einem Teller und einem Gewicht unter die Sudoberfläche drücken. Danach das Gefäß mit einer Frischhaltefolie o. ä. fest verschließen.

Tipp

Bereits nach 10 Tagen schmecken die Gurken richtig lecker. Kühl gelagert sind sie etwa 3 Monate haltbar. Meist sind sie jedoch schneller verzehrt ...

Als Pendant zum „Weißwurstäquator" müsste man eigentlich auch einen „Wickelkloßäquator" durch das Vogtland samt Unterfranken ziehen.

Vogtländische Wickelklöße

Mehrere Jahre lang habe ich als Koch und Küchenchef in Ostthüringen gearbeitet, im sogenannten Thüringer Vogtland. In meiner Westthüringer Heimat hatte ich bis dato noch kein Wickelkloß-Rezept gesehen, aber jetzt fand ich Gefallen an dieser leckeren Kartoffelbeilage, zu deren Ursprung verschiedene Geschichten kursieren.

Und natürlich gibt es auch verschiedene überlieferte Rezepturen und Zubereitungsmethoden. Meist bildet ein Kartoffelteig die Grundlage, doch in Franken wird mitunter auch eine Art Hefekloßteig verwendet, von Apolda bis Jena dagegen häufig ein Nudelteig. Letzterem setzt man etwas Backpulver zu, da-

mit die Konsistenz „fluffiger" wird. Mit Nachdruck verweisen jedoch die Sachsen darauf, dass der Wickelkloß in die *sächsische Küche* gehört. In der Tat ist der feldmäßige Kartoffelanbau im sächsischen Vogtland bereits seit etwa 1650 belegt. Ein Bauernsohn aus Würschnitz, am gleichnamigen Fluss zwischen Zwickau und Chemnitz gelegen, hatte wohl als erster einige Pflanzen aus Schottland ergattert und war recht erfolgreich mit dem Anbau. Im 17. Jahrhundert wurde dann viel experimentiert, was sich alles aus der stärke- und eiweißreichen Feldfrucht herstellen lässt.

Keiner weiß genau, wer und wann das erste Mal die Idee hatte, aus den zerquetschten gekochten Kartoffeln zusammen mit Mehl, Milch und Ei einen Teig zu bereiten und diesen fingerdick mit dem Nudelholz auszurollen. Mit Salz und geriebener Muskatnuss gewürzt, bestreut man bis heute diese Teigplatte meist mit knusprig geröstetem Semmelmehl, aber auch mit ausgebratenen Speckwürfeln und fein geschnittenen Zwiebelwür-

feln. Danach wird sie gleichmäßig von einer Seite zusammengerollt oder eben gewickelt, was ihr die Bezeichnung Wickelkloß gab. Ein Klassiker ist übrigens Wickelkloß in Verbindung mit gekochter Rinderbeinscheibe und cremiger Petersiliensauce.

Doch noch einmal zurück ins Vogtland an das Flüsschen Würschnitz. Wie ich erfahren habe, wird dort im kleinen Ort Niederwürschnitz seit 2009 ein Wettbewerb um die Herstellung des besten Wickelkloßes ausgetragen. Der Sieger darf sich ein Jahr lang *Wickelkloßkönig* nennen und erhält einen Pokal in Form eines Nussknackers, der, wie könnte es anders sein, ein Tablett mit Wickelklößen trägt.

für 4 bis 6 Personen

1 kg Kartoffeln
(vorw. festkochend)

1/8 l Milch

3 Eier

250 g Weizenmehl

Salz, Pfeffer,
geriebene Muskatnuss

120 g Semmelmehl

60 g Butterschmalz

etwas verquirltes Eiweiß

Die Kartoffeln als Pellkartoffeln kochen, heiß pellen und mit einer Kartoffelquetsche fein zerdrücken. Die Milch, die verrührten aufgeschlagenen Eier und das Mehl zugeben. Mit Salz und Abrieb von der Muskatnuss nach Geschmack würzen und das Ganze zu einem festen Teig verarbeiten. Das Semmelmehl in dem ausgelassenen Butterschmalz goldgelb knusprig rösten und mit etwas Salz und Pfeffer würzen. Nun den Teig auf einer bemehlten Unterlage mit dem Nudelholz etwa 6 mm dick ausrollen, zu Rechtecken von etwa 20 x 30 cm schneiden und den Teig mit dem gerösteten Semmelmehl gleichmäßig bestreuen.

Danach von der langen Seite zu einer gleichmäßigen Rolle aufwickeln und die Enden, nachdem sie mit etwas verquirltem Eiweiß bestrichen wurden, gut und fest zusammendrücken. Nun die Kloßrollen im Salzwasser bei **80 bis 90 °C** oder im Dampf etwa **25 bis 30 Minuten** gar ziehen lassen. Aus dem Wasser nehmen und in daumendicke Scheiben schneiden.

Die Wickelklöße schmecken prima als Beilage zu Braten aber auch mit brauner Butter beträufelt zu Kompott.

Tipp

Man kann die Teigrolle zur Sicherheit auch in ein sauberes Leinentuch einschlagen, um zu verhindern, dass sie auseinanderfällt, und dann im Dampf gar ziehen lassen.

Schloss- und Residenzstadt Greiz
(im Thüringer Vogtland gelegen)

27

Kartoffelpuffer mit Lachstatar

Die Fastenzeit inspirierte die Menschen schon immer, schmackhafte Speisen zu erfinden, die zwar dem christlichen Abstinenzgebot genügten, aber dennoch satt machten. In Deutschland spielt die Kartoffel hier seit einigen Jahrhunderten eine wichtige Rolle. Mit wenigen weiteren Zutaten, die überall zu haben sind, entsteht ein – regional leicht verschiedenes – nahezu perfektes Gericht: der Kartoffelpuffer.

Die Namen für diese Spezialität in den verschiedenen Regionen sind schier endlos: Egal ob *Rievkoche* (Rheinland), *Reiberdatschi* (Bayern), *Klitscher* (Erzgebirge), *Dätscher* (Südthüringen) oder *Baggers* (Franken) – alle Deutschen kennen mehr oder weniger Kartoffelpuffer oder Reibekuchen.

Genau genommen kommt in den Teig des *Reibekuchens* etwas mehr Ei als in den Teig des *Puffers* – und er wird auch mit ein wenig Mehl gebunden. Der Pufferteig ist also flüssiger, womit auch der Name zu erklären ist: Kommt der ziemlich flüssige Teig in die heiße Fettpfanne, dann entsteht ein puffendes Geräusch. In einigen Regionen wird das Garen mit recht großer Hitze sogar grundsätzlich als *Puffen* bezeichnet.

Damit der geriebene Kartoffelteig sich farblich nicht verändert, muss er immer frisch und schnell verarbeitet werden. In das Grundrezept können feinwürfelig geschnittene Zwiebeln und eventuell auch Haferflocken oder Grieß eingearbeitet werden. Letztere sollen das sich im Kartoffelteig bildende Wasser binden. Man kann dieses auch vorsichtig abgießen, sollte aber wissen, dass man damit auch etwas Kartoffelgeschmack verliert.

Aber warum heißen sie in einigen Regionen nun *Dätscher* statt *Puffer*? Ganz einfach: Der Teig wird mit einer Kelle in das heiße Fett gegeben und vorsichtig in die gewünschte runde Form *gedrückt* (*gedätscht*), etwa einen reichlichen halben Zentimeter dick.

Eins haben jedoch alle Kartoffelpuffer gemeinsam: Sie können wahre Verwandlungskünstler sein, schmecken mit Apfelmus und Zimtzucker genauso wie mit Schinken, Speck oder Sauerkraut. Selbst für Feinschmecker sind sie mit Flusskrebsen, Lachs, Matjes und sogar Kaviar keine „Verfehlung".

700 g Kartoffeln,
mehligkochend

1 EL Weizenmehl

1 kleine, fein gewürfelte Zwiebel

2 Eier

Salz, Pfeffer

geriebene Muskatnuss

80 g Butterschmalz

Für das Lachstatar:

400 g frisches Lachsfilet
ohne Haut

2 Frühlingszwiebeln

1 mittelgroße rote Spitzpaprika

1 Spritzer weißer
Balsamico-Essig

1 EL Olivenöl

fein gehackte Chilischote
(nach Belieben)

Salz, Pfeffer aus der Mühle

1/2 TL Senf, 1 Prise Zucker

4 EL Crème fraîche

1 EL frischer Dill

*Eine kleine Abordnung der Küchenbrigade vom
„Gasthaus zum Weißen Schwan" zu Besuch im
Steigenberger Frankfurter Hof*

Die geschälten Kartoffeln mit einer geeigneten Reibe in nicht zu grobe Späne reiben. Eventuell etwas von dem sich bildenden Wasser vorsichtig abgießen. Nun das Mehl, die Zwiebelwürfel und die verquirlten Eier zugeben, mit Salz, Pfeffer und geriebener Muskatnuss würzen und das Ganze gut verrühren. Aus der Masse nacheinander 8 kleine Puffer in einer Pfanne im erhitzten Butterschmalz von beiden Seiten goldbraun und knusprig braten. Dann aus der Pfanne nehmen und auf Küchenkrepp abtropfen lassen.

Das Lachsfilet und die Frühlingszwiebeln in feine Würfel schneiden. Paprika hauten, Kerne entfernen und ganz klein würfeln. Alles zusammen vermengen und mit etwas weißem Balsamico, Olivenöl, gehackter Chilischote, Salz, Pfeffer, Senf und einer Prise Zucker würzen. Crème fraîche mit dem gehackten Dill mischen und mit Salz und Pfeffer aus der Mühle würzen. Nun an je zwei kleine Puffer einen Klecks Dill-Creme setzen und auf die Puffer je eine Nocke vom Lachstatar legen.

Tipp

Wer besonders knusprige Puffer bevorzugt, kann einen kleinen Teil Weizenmehl durch Reismehl ersetzen. Dann erzeugt man einen kleinen „Tempura-Effekt".
Die Puffer brät man am besten in einer schweren Pfanne mit Kompensboden in nicht zu wenig geschmacksneutralem Öl oder Butterschmalz.

Johann Wolfgang von Goethe kaufte auf dem Weimarer Zwiebelmarkt für nur 14 Pfennige den gesamten Winterbedarf an Speisezwiebeln für seinen Haushalt am Frauenplan. Am gleichen Ort musste man mit Handwagen oder Gespannen das Gemüse in die rund fünfzig Kilometer entfernte Stadt Weimar. 1653 wird zum ersten Mal erwähnt, dass dort ein *Vieh- und Zippelmarkt* stattfand.

Weimarer Zwiebelmarktbrot

Anfang der 1920er Jahre während der Inflationszeit für ein halbes Kilo Speisezwiebeln immerhin 60 Millionen Mark hinblättern. Könnte der berühmte Weimarer Zwiebelmarkt reden, dann würden wir viel Spannendes erfahren!

Die Zwiebel ist ein geballtes Lebenselixier – so viel wussten die Menschen bereits vor dem Mittelalter. Im fruchtbaren Schwemmland der Unstrut im Norden Thüringens, rund um die Stadt Heldrungen, gedeihen Zwiebeln und auch allerlei Wurzelgemüse prächtig. Nur der Verkauf ließ sich in dieser abgelegenen Gegend einst nicht realisieren. So transportierte man zu Fuß,

Seit 1990 findet alljährlich am zweiten Wochenende im Oktober der Weimarer Zwiebelmarkt statt, jeweils von Freitag bis Sonntag. Und er ist nicht mehr nur Markttreiben, sondern zum größten Volksfest Thüringens geworden. Vor allem aber ist er ein großes kulinarisches Fest.

Obwohl die Winterbevorratung praktisch keine Rolle mehr spielt (wozu auch bei dem heutigen Angebot übers Jahr), sind die Zwiebelzöpfe nach wie vor heiß begehrt. Anders als zu DDR-Zeiten reichen sie aber heute bis zum Ende des Festes. Nach wie vor binden die Zwiebelbauern die roten und weißen Zwiebeln auf Strohbunde. Früher konnte man so die Haltbarkeit verlängern: Das Stroh entzieht Feuchtigkeit und unterbindet Fäulnisprozesse. Heute sind die Zwiebelrispen nicht nur praktisch, sondern auch dekorativ und zieren so manche Küche.

An den drei tollen Tagen in Thüringen werden aber auch unvorstellbare Mengen an Bratwurst, Zwiebel- und Speckkuchen, Kartoffelgerichten mit reichlich Zwiebeln oder Rostbrätel mit Röstzwiebeln verkauft. Dazu werden gleichermaßen gern Bier und Wein getrunken. Vor der Wende war das noch wesentlich anders. Der Wein spielte mangels Angebot nur eine untergeordnete Rolle. Damals traf man sich schon zu fast noch nachtschlafender Zeit am Morgen auf dem *Platz der Demokratie* vor der Musikhochschule zu einem Ehringsdorfer Bier. Quasi am Eingang zum Weimarer Marktplatz hatte man hier den besten Überblick, wann die Zwiebelbauern mit ihrer begehrten Fracht eintrafen. Wer also zu Zwiebelmarktzeiten in Ruhe ausschlafen wollte, hatte immer das Nachsehen und ging ohne Zwiebelzopf vom Fest ...

150 g durchwachsener Speck
3 – 4 EL Speiseöl
300 g Zwiebeln
150 g Porree
1 Knoblauchzehe
1 Bund Schnittlauch
150 g Reibekäse (Edamer oder Gouda)
2 Eier
Salz Pfeffer, Muskat, Kümmel
4 Scheiben frisches Bauernbrot

Magerspeck fein würfeln und im erhitzten Speiseöl auslassen, gepellte Zwiebeln in Streifen schneiden, ebenfalls den gut gewaschenen Porree, beides gut mitschwitzen lassen. Den zerriebenen oder mit der Knoblauchpresse gequetschten Knoblauch und den in feine Röllchen geschnittenen Schnittlauch zugeben. Vom Herd nehmen und erkalten lassen.

Reibekäse und die verquirlten Eier dazugeben, mit Salz, Pfeffer, geriebener Muskatnuss und, wer mag, mit gemahlenem Kümmel würzen. Die Masse auf das leicht getoastete Bauernbrot gleichmäßig dick aufstreichen und im Grill knusprig überbacken.

Dazu passt ein gut gewürzter Kräuterschmand oder Crème fraîche.

Tipp

Das Weimarer Zwiebelmarktbrot schmeckt nicht nur zur Marktzeit hervorragend zu Bier oder Wein.

Auf dem Weimarer Zwiebelmarkt

Kloßgeschichten gibt es wahrhaft genug. Sie werden zum Beispiel im Kloßmuseum in Heichelheim nahe Weimar, erzählt, das wohl

𝒮erviettenkloß nach Großmutters Geheimrezept

Moderne Küche im historischen „Gasthaus zum Weißen Schwan"

keine Frage zum Kloß unbeantwortet lässt. Auch eine Vielzahl von Rundfunk- und Fernsehbeiträgen enthüllten bereits alle nur erdenklichen „Kloß-Geheimnisse". In Thüringen sind es natürlich die

Thüringer Klöße, die die Gemüter bewegen. Meist sind es seit Generationen überlieferte Rezepte, die nur ungern „ausgeplaudert" werden.

Ich erinnere mich, dass während meiner Lehrzeit im *Schlosshotel Reinhardsbrunn* und später auch im *Parkhotel Tabarz* immer sonntags frische Klöße zu allen geeigneten Gerichten gereicht wurden – eben die *Sonntagsklöße*. Ein wechselnder Koch hatte die alleinige Verantwortung für die dampfende Beilage und arbeitete am Vormittag mit Hochdruck, damit die beliebten Klöße pünktlich fertig waren. Einmal, an einem der arbeitsreichen Sonntage, bat ein Lehrling den Küchenchef darum, das Kloß-*Geheimrezept* seiner Großmutter ausprobieren zu dürfen. Der Chef schenkte ihm Vertrauen, wir waren alle gespannt. Mit viel Geheimniskrämerei wurden die Klöße hergestellt, die roh auch ganz gut anzuschauen waren. Aber entgegen aller Regeln verschloss der Lehrling den großen Topf mit einem Deckel. Das Aha-Erlebnis sollte nicht lange auf sich warten: Als der

Deckel gelüftet wurde, konnten keine Klöße, sondern nur eine Art Kartoffelsuppe bestaunt werden ... So viel zum Thema Geheimrezept beim Thüringer Kloß.

Es gibt ein paar Grundregeln, ohne deren Einhaltung Thüringer Klöße nicht gelingen können: Unstrittig ist das Verhältnis von zwei Teilen roher zu einem Teil gekochter Kartoffelmasse. Die Bindung entsteht durch das Brühen der rohen Kartoffelmasse zusammen mit den pürierten, kochend heißen Kartoffeln. Es sollte immer ein Probekloß gegart werden: Schließlich ist die Kartoffel ein Naturprodukt und der Stärkegehalt kann schwanken. Und, Sie ahnen es sicher schon, man sollte auf einen Topfdeckel beim Kloßgaren verzichten.

Ob nun *Klöße* oder anderenorts *Knödel* genannt: Sie haben viele Liebhaber, und es gibt eine Menge von köstlichen Rezepten. Ob *Thüringer Kloß*, fränkische *Halb und Halb*, *grüne*, *seidene* oder *halbseidene Klöße* – es ist einfach schön, dass es eine solche Vielfalt gibt. Wobei: Etwas Stolz auf die heimischen Spezialitäten kann auf keinen Fall schaden.

6 altbackene Brötchen
vom Vortag

3/8 l Vollmilch

3 Eier

2 TL Salz

1 mittelgroße Zwiebel

1 Knoblauchzehe

50 g Butter

1 kl. Bund Petersilie

2 TL Majoran

etwas geriebene Muskatnuss

1/2 TL schwarzer Pfeffer

2–3 EL Weizenmehl

Brötchen in nicht zu feine Würfel schneiden. Die Hälfte davon in einer trockenen Pfanne unter Rühren goldbraun anrösten und diese anschließend zu den ungerösteten Brötchenwürfeln in eine Schüssel geben. Milch mit den aufgeschlagenen Eiern und dem Salz gut verrühren und dann über die Brötchenwürfel gießen. Inzwischen die in feine Würfel geschnittene Zwiebel und die fein gehackte Knoblauchzehe in der ausgelassenen Butter anschwitzen. Vom Feuer nehmen. Fein gehackte Petersilie, Majoran, nach Geschmack etwas geriebene Muskatnuss und den grob gestoßenen Pfeffer zufügen und das Ganze zum Brötchenansatz geben. Mit dem angestäubten Mehl einen lockeren Teig herstellen, der etwa **10 Minuten** ruhen sollte. Danach walzenförmig in ein sauberes, nasses Küchentuch aufrollen und die Rolle beidseitig an den Enden locker mit Küchenfaden zusammenbinden. Die eingebundene Teigrolle in reichlich Salzwasser geben und **30 bis 40 Minuten** bei schwacher Hitze garen. Danach den Serviettenkloß aus dem Tuch rollen und mit einem sehr scharfen Messer in fingerdicke Scheiben schneiden.

An den Jenaer Markttagen ist der Stand vom Tultewitzer *Riekehof* immer noch ein Geheimtipp unter

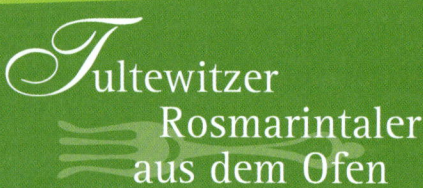

Tultewitzer Rosmarintaler aus dem Ofen

Thüringer Käseliebhabern. Hier gibt es Schafskäse- und Kuhmilchspezialitäten, und neben Klassikern wie Ricotta oder Feta haben vor allem die sogenannten *Tultewitzer Taler* einen stetig wachsenden Käuferstamm.

Wenn man dem *Riekehof* im reizvollen Saaletal, in direkter Nachbarschaft zur *Rudelsburg*, einen Besuch abstattet, fragt man sich, warum die größten kulinarischen Köstlichkeiten häufig nur dort zu finden sind, wo sich scheinbar Fuchs und Hase „Gute Nacht" sagen. Vom Chef Volker Rieke erfährt man, dass es im Winter wirklich sehr ruhig ist, aber der Saale-Radwanderweg spätestens mit Beginn des Früh-

jahrs unzählige Radler auch durch den kleinen Ort Tultewitz führt.

Der *Riekehof* ist ein echter Bio-Hof, wie er so zu DDR-Zeiten undenkbar gewesen wäre: 40 Milchschafe liefern die Milch für die Käseherstellung, die noch in echter Handarbeit erfolgt: Maschinen oder aufwändige Gerätschaften sucht man vergeblich, Konservierungs- und Farbstoffe sind tabu. Seit 1998 gibt es den Hof, das Wissen und die Fertigkeiten für die interessante Käseherstellung hat sich Quereinsteiger Rieke in der Region Roquefort in Frankreich erworben. Seine Käsespezialitäten munden aber nicht nur zu einem Gläschen Bordeaux, wie er versichert, sondern auch zu einem Dornfelder oder Portugieser aus dem benachbarten Saale-Weingebiet.

Der Käse wird aus Rohmilch hergestellt. Das bedeutet, dass die frisch gemolkene Schafsmilch sofort und ohne Wärmebehandlung zu Käse verarbeitet wird. Das eigentliche Geheimnis des Käses ist die Milchqualität. In der warmen Jahreszeit

fressen sich die Schafe auf herrlichen Streuobstwiesen satt, im Winter werden Heu, Rüben und Äpfel zugefüttert. Aus diesem Grunde variiert auch der Geschmack des Schafskäse im Verlaufe des Jahres. Ein Milchschaf gibt etwa zwei Liter Milch am Tag. Daraus können ca. 800 bis 1000 Gramm Frischkäse oder 150 bis 200 Gramm Schnittkäse hergestellt werden.

Etwas Besonderes ist der im Kaltrauch von Buchenspänen geräucherte Schafskäse und auch die *Tultewitzer Taler*, die aus gereiftem Frischkäse bestehen und mich zum folgenden Rezept inspiriert haben. Schafskäse, zu DDR-Zeiten nicht immer zu bekommen, erobert wieder unsere Küchen. Er ist nicht nur lecker, sondern aufgrund der besonderen Eiweiß- und Fettstruktur sehr gut verdaulich, insbesondere auch für Menschen, die Kuhmilch nicht vertragen.

Nur wenige Kilometer vom Riekehof in Tultewitz entfernt erhebt sich die Rudelsburg über der Saale.

200 g Schalotten

5 – 6 EL Knoblauchöl

2 „junge" Tultewitzer Taler à 125 g (alternativ Frischkäse-taler in Camembertgröße eines anderen Herstellers)

2 Zweige Rosmarin

Pfeffer aus der Mühle

150 g Champignons

150 g Partytomaten

1 Bund Schnittlauch

80 g schwarze Oliven ohne Stein

1 Baguettebrot

Salz

Schalotten schälen und in feine Streifen schneiden. Auf vier gleich große Bogen Alufolie jeweils nur ein wenig Knoblauchöl in die Mitte geben und mit dem Backpinsel gleichmäßig verstreichen. Die Frischkäsetaler in dicke Scheiben schneiden. Die geschälten Schalotten in Streifen schneiden und jeweils in der Mitte der Alufolien platzieren, je einen halben geschnittenen Tultewitzer Taler daraufsetzen. Nach Geschmack mit Rosmarinnadeln und Pfeffer aus der Mühle würzen.

Champignons in Scheiben schneiden und Partytomaten halbie-ren. Erst die Champignons und dann die halbierten Partytoma-ten auf die Taler setzen. Nach Geschmack salzen und pfeffern sowie den in feine Röllchen geschnittenen Schnittlauch darüber verteilen.

Zuletzt die halbierten schwarzen Oliven und das restliche Knob-lauchöl darübergeben. Die Folie locker zusammenfalten und an den Enden gut verschließen. Im auf **200 °C** vorgeheizten Ofen ca. **12 Minuten** backen. Folie oben öffnen und servieren. Dazu schmeckt ofenwarmes Baguettebrot. Eine herrliche Vorspeise oder auch ein leichtes Sommergericht, das Appetit auf mehr macht!

Früher kam man zu mir, um gut zu essen – mitunter war es gar nicht so einfach, ohne vorherige Reservierung Plätze zu bekommen –, heute kommen die Gäste zu mir, um mit mir zu kochen, Tipps und

Rosenkohl im Bierteig mit Frischkäsedip

Küchenkniffe zu erfahren und natürlich auch um zu genießen. So ändern sich die Zeiten!

Was sich auch geändert hat: Vieles war direkt nach der Wende erst einmal neu, weil man zu DDR-Zeiten eigentlich nicht sonderlich um den Gast „kämpfen" musste. Ein gutes Beispiel ist da der „Gruß aus der Küche".

Und mit der Marktwirtschaft hat auch Fast Food Einzug gehalten – viele Kinder und Erwachsene bekamen Gewichts- und Gesundheitsprobleme. Übermäßige und falsche Ernährung ist in Verbindung mit mangelhafter Bewegung die häufigste Ursache dafür. Viele

Menschen haben in der neuen Zeit mit den Tiefkühlpizzen aus dem Supermarkt oder dem Fast-Food-„Restaurant" um die Ecke den Bezug zum gesundheitsbewussten Kochen und Genießen verloren. Und eigentlich wissen wir, was eine ausgewogene und gesunde Ernährungs- und Lebensweise bedeutet, doch wir setzen es im täglichen Leben noch viel zu selten um. Oft aus Bequemlichkeit – das ist schon paradox.

Während unsere Mütter und Großmütter noch täglich mit frischen Zutaten und mit wesentlich weniger Hintergrundwissen ausgewogene Mahlzeiten zubereitet haben, scheinen insbesondere junge

Menschen heutzutage das Kochen oft gänzlich verlernt oder erst gar nicht erlernt zu haben.

Und dennoch: Das wachsende Interesse am Kochen und auch immer mehr an saisonalen und regionaler Küche stimmt mich hoffnungsvoll – und ich versuche mit meiner Kochschule wenigstens einen kleinen Beitrag dafür zu leisten. Meine Botschaft: 1. Gesundes Kochen bedeutet nicht stundenlange Küchenarbeit. 2. Kochen kann sehr viel Spaß machen, wenn die gesamte Familie begeistert bei der Sache ist. 3. Fleischlos kann auch mal glücklich machen. Und, 4., es wird Zeit, Altbekanntes neu zu entdecken. Alles zusammen liefert perfekte Gründe, das nachfolgende Rezept auszuprobieren.

800 g Rosenkohl

1 mittelgroße Zwiebel

2 EL Speiseöl

Salz, weißer Pfeffer, geriebene Muskatnuss

Für den Bierteig:

150 g Mehl

1 Ei

1/8 l Bier

1/2 Pck. Trockenhefe

Saft von 1/2 Zitrone

Frittierfett zum Ausbacken

Für den Dip:

120 g Frischkäse

100 g Naturjoghurt

Saft von 1/2 Zitrone

1 kl. Bund gehackte Petersilie

Worcestersauce

Salz, weißer Pfeffer

Die geputzten Rosenkohlröschen am Strunkansatz kreuzweise einschneiden, damit sie gleichmäßig garen. Etwa **8 Minuten** im Dampf bissfest garen. Zwiebel schälen und in feine Würfel schneiden, im erhitzten Öl glasig dünsten und den Rosenkohl zugeben. Mit Salz, weißem Pfeffer und geriebener Muskatnuss würzen, gut durchschwenken und erkalten lassen.

Ei trennen. Aus Mehl, Eigelb, Bier, Hefe und Zitronensaft einen Backteig herstellen und ca. **30 Minuten** ruhen lassen. Eiweiß zu steifem Schnee schlagen und unter den Teig heben.

Frittierfett in einem Topf erhitzen. In die Rosenkohlröschen Holzspießchen stecken, durch den Backteig ziehen und im heißen Frittierfett goldgelb und knusprig ausbacken.

Die Zutaten für den Dip miteinander verrühren. Den Dip zu den gebackenen Rosenkohlröschen reichen, die mittels der Holzspießchen in den Dip getaucht werden können. Eventuell etwas Baguette- oder Chiabattabrot dazu reichen.

Am Galabüfett des MS Arkona

Aus heimischen Gewässern

Hört man nur auf die Sprache, könnte man sich schon im Ausland wähnen – dabei gehört das Vogt-

Vogtländer Karpfen

land teilweise zu Thüringen und zum großen Teil zu Sachsen.

Wo de Hos'n Hus'n has'n und de Hus'n Hos'n sei – da sind die Vogtländer zu Hause.

Im Klartext: Bei den Vogtländern sagt man *Husen* statt *Hosen* und *Hosen* statt *Hasen*. Man benötigt schon einige Lektionen in dieser Mundart, um im Vogtland halbwegs ohne Verständigungsprobleme zurechtzukommen.

Während meines Studiums an der Hotelfachschule in Leipzig lernte ich von einer Kommilitonin aus dem Vogtland einige Ausdrücke kennen. So ist das Serviertablett ein *Hietrochbratl* (*Hintragebrett*) und der

Topfdeckel ein *Sterz*. Spricht der Vogtländer vom *Meer*, dann meint er mitunter die *Möhre* und *nackete Maadle* sind nicht, wie vielleicht zu vermuten, *nackte Mädchen*, sondern flach gedrückte, gebratene Klöße aus gekochten Kartoffeln.

In der deftigen Vogtländer Küche geht es aber nicht nur sprachlich sehr phantasievoll zu. So manches bekannte Gericht erscheint hier in vollkommen ungewohnter Kombination, was auch das nachfolgende Rezept zeigt.

Ostthüringer Freunde berichteten mir von der Legende des Zeulenrodaer *Karpfenpfeifers*: Schon im Mittelalter gab es rund um den Ort Zeulenroda mehrere Karpfenteiche mit guter Wasserqualität und damit auch schmackhafte Karpfen. Eines Tages haben die Fürsten in Greiz mal wieder ihren Schlossteich abgefischt. Viele Zeulenrodaer mussten ihnen dabei helfen und bekamen zum Dank und Lohn für die geleistete Arbeit ein Karp-

fenessen in der Gesindekammer. Da aber der Greizer Schlossteich völlig verschlammt war, schmeckten die Karpfen modrig und waren keinesfalls ein Genuss. Die von ihren eigenen Karpfen verwöhnten Zeulenrodaer schickten die Teller zurück in die Küche und riefen: *Wir pfeifen auf solche Karpfen!* Köche reagieren bekanntlich schon mal empfindlich, und so nannte der Hofkoch die Zeulenrodaer *Karpfenpfeifer* – ein Spitzname, den die Zeulenrodaer heute noch mit Stolz tragen. Alljährlich wird mit dem *Karpfenpfeiferfest* an die geschilderte Begebenheit erinnert.

Übrigens schmecken die *Dreipfünder* am besten, nicht nur für das folgende Vogtländer Karpfengericht. Und beim Fischhändler des Vertrauens sollte Ihnen heute das Malheur eines *Schlammkarpfens* erspart bleiben. Und denken Sie speziell zu Silvester an die Karpfenschuppe in der Geldbörse, die Geldsegen im neuen Jahr bescheren soll!

1 Karpfen (ca. 1,5 kg, küchenfertig)

Salz

Saft von 1/2 Zitrone

150 g Möhren

100 g Petersilienwurzel

100 g Porree

100 g Sellerie

100 g Kohlrabi

100 g Rote Bete

1 Lorbeerblatt

5 Pfefferkörner

3 Pimentkörner

2 Gewürznelken

1 Stück Brotrinde (alternativ: Soßenlebkuchen)

60 g Butter

Salz, Pfeffer

Den geschuppten, küchenfertigen Karpfen gut waschen und in vier gleich große Portionsstücke teilen. An den Innenseiten salzen, auf der Hautseite mit Zitronensaft beträufeln und einreiben.

Das Gemüse putzen, ggf. schälen und in etwa 2 cm große Würfel schneiden. In einem großen Topf 3/4 Liter Wasser mit den Gewürzen in einem Kochsäckchen zum Kochen bringen, die Gemüsewürfel zugeben und mit Salz und Pfeffer abschmecken. Die Brotrinde wird ebenfalls mitgekocht. Statt Brotrinde kann auch Soßenlebkuchen verwendet werden.

Wenn das Gemüse gar ist, die Gewürze herausnehmen und alles mit dem Mixstab pürieren. In einem Bräter oder in einer Kasserolle die Butter schmelzen. Die Karpfenstücke hineinlegen (und eventuell, falls vorhanden und gewünscht, obenauf noch Rogen und Karpfenmilch). Das pürierte Gemüse darauf geben und alles möglichst schnell zum Kochen bringen. Wenn der Ansatz kocht, Hitze reduzieren und bei niedriger Temperatur das Ganze noch **45 Minuten** ziehen lassen. Danach die Fischstücke mit dem Gemüsepüree anrichten.

Tipp

Im Vogtland isst man dazu meist grüne Klöße oder auch Salzkartoffeln und sogar Rotkohlgemüse. Häufig wird der Vogtländer Karpfen aufgewärmt gegessen. Dann soll er ganz besonders gut schmecken!

Labskaus –
der Küchenklassiker aus dem Norden

Mir ist kaum ein anderes Gericht bekannt, dass größere Meinungsverschiedenheiten verursacht. Beschert Labskaus den einen geschmacklichen Hochgenuss, so wenden sich andere entsetzt ab. Wie oft habe ich schon abfällige Bemerkungen über Labskaus gehört, ohne dass die Kritiker je von diesem Gericht probiert hatten. Vielleicht sorgt bereits das äußere Erscheinungsbild (die breiige Konsistenz sowie die ins Rosa-Pink gehende Farbe durch die Rote Bete) für eine Art optische Abneigung.

Wer sich aber dadurch nicht beirren lässt und nach einem Geschmackserlebnis sucht, wird nach meiner Erfahrung von Labskaus nicht enttäuscht: Der Geschmack entschädigt für das eher drittklassige Aussehen!

Die Geschichte des Gerichtes macht genau dieses Aussehen jedoch verständlich: Labskaus ist ein echtes Seefahreressen, das in der großen Zeit der *Windjammer* zu seiner Bedeutung kam. Da diese Schiffe damals noch keine Kühlanlagen besaßen, mussten in irgendeiner Weise konservierte Lebensmittel gebunkert werden. Für den Smutje wurden die drei Monate und mitunter noch länger dauernden Schiffsreisen zum Balanceakt. Zum Ende der Reise musste er nicht selten aus allerlei Resten noch halbwegs schmackhafte Gerichte zaubern. 1706 zum ersten Mal erwähnt, kochte man damals den mittlerweile zum Küchenklassiker avancierten Labskaus noch ohne die heutige Hauptzutat Kartoffeln, denn diese kamen bekanntlich erst später nach Europa. Stattdessen wurden Getreidegraupen verwendet.

Wer nun das Seefahreressen Labskaus mit Fisch in Verbindung bringt, der irrt. Ursprünglich gehörten neben Graupen und später Kartoffelstampf süßsauer marinierte Rote Bete, Gewürzgurken, Zwiebeln und besagtes gepökeltes Rindfleisch dazu. Das gekochte Fleisch wie auch die anderen Zutaten wurden sehr fein gehackt und mit den Stampfkartoffeln oder Graupen vermischt.

So kam das Gericht also zu seinem Aussehen. Wie es jedoch zu seinem Namen kam, ist nicht eindeutig geklärt. In England heißt das Gericht *Lobscouse*, wobei *Lob's course* so viel wie *Speise für Tölpel* bedeutet. Oder es kommt aus der niederdeutschen Zusammensetzung für Fleischstück (*Lappen*) sowie Schüssel (*Kaus*).

Immer wieder haben Spitzenköche versucht, Labskaus für die gehobene Küche salonfähig zu machen. Der durchschlagende Erfolg blieb bislang leider aus. Labskaus mag man – oder eben auch nicht.

Staffelstab-Übergabe in der Fernsehküche von Friederun und Horst

600 g gepökelte Rinderbrust

1 Lorbeerblatt

2 Gewürznelken

2 Zwiebeln

6 Pfefferkörner

1/2 TL Senfkörner

600 g geschälte Kartoffeln

60 g Schweineschmalz

100 g Gewürzgurken

100 g marinierte Rote Bete

Salz

Dazu reicht man am besten:

4 gebratene Spiegeleier

4 Matjesfilets

4 kleine marinierte Rote Bete

4 kleine Gewürzgurken

Die in grobe Würfel geschnittene, gepökelte Rinderbrust in einen Topf mit kaltem Wasser legen. Mit den Gewürznelken das Lorbeerblatt an einer geschälten Zwiebel feststecken. Diese zusammen mit den Pfefferkörnern und Senfkörnern ebenfalls zugeben und das Fleisch auf kleiner Flamme **40 bis 45 Minuten** garen.

Die Kartoffeln als Salzkartoffeln kochen und nach dem Abgießen durch die Kartoffelpresse drücken. Das gegarte Fleisch aus der Brühe nehmen und durch die grobe Scheibe des Fleischwolfes drehen.

Die zweite Zwiebel schälen und fein würfeln. Schweineschmalz in einer großen Pfanne erhitzen und die Zwiebel darin glasig dünsten. Nun das durchgedrehte Fleisch zugeben und mit etwas durchgeseihter Brühe auffüllen, bis der Pfanneninhalt fast flüssig ist.

Rote Bete und Gewürzgurke in kleine Würfel schneiden und unter das Kartoffelmus heben. Danach alles zum Fleisch in die Pfanne geben. Gut vermischen und gegebenenfalls mit Pfeffer und wenig Salz nachschmecken. Warm stellen und noch etwas durchziehen lassen.

Spiegeleier braten. Auf die Teller je einen großen Klecks Labskaus setzen, mit einem Esslöffel die Masse in dekorative Form bringen und obenauf je ein Spiegelei setzen. Rundum Matjesfilet legen sowie dekorativ geschnittene Keile oder Scheiben von Roter Bete und Gewürzgurke, sodass optisch ein gutes Bild entsteht.

Aufgewärmt und leicht knusprig gebraten schmeckt das Gericht übrigens besonders gut. Probieren lohnt auf alle Fälle!

Jeder hat wohl schon mal einen *aalglatten* Zeitgenossen kennengelernt. In der Tat ist der Aal durch

Gekochter Werra-Aal in Zitronenrahm

seine schleimige Haut und durch seine schlangenartige Fortbewegung schwer zu greifen. Wer sich schon einmal auf einem Volksfest beim Aalgreifen versucht oder zumindest zugeschaut hat, weiß, wovon ich rede. Trotz seiner außergewöhnlichen Form zählt der Aal zu den Fischen und ist ein Raubfisch. Im Gegensatz zu anderen Fischen kann er sogar das Wasser problemlos für mehrere Tage verlassen. Hier kommen ihm seine Haut- und Mundatmung und die schlangenartige Fortbewegung zugute. In unseren europäischen Gewässern leben zwei Arten von Aalen, die sich durch die Kopfform unterscheiden. Der *Schmalkopfaal*, der übrigens auch pflanzliche Nahrung zu sich nimmt, gilt im Allgemeinen im Vergleich zum *Breitkopfaal* als der schmackhaftere.

Aale kommen in allen Gewässern vor. In meiner Thüringer Heimat ist der Werra-Aal legendär. Die Werra entspringt als Rinnsal in rund 800 Meter Höhe nahe Fehrenbach und mündet nach etwa 300 Kilometern in die Weser. Bis Bad Salzungen ist sie auch heute noch ein recht sauberer Fluss. Bedingt durch den Kali-Bergbau wird allerdings bei den Orten Heringen und Philippsthal, wenn auch kontrolliert, Salzlauge eingeleitet, die die Werra zur „Pökellake" werden lässt. Während die anderen Fischbestände sehr darunter leiden, scheint das dem Aal nicht sonderlich zu schaden. Schließlich lernte er auf seiner weiten Reise von der Sargassosee im Golfstrom, mit reichlich Salzwasser auszukommen. Ein viel größeres Problem hat er durch Schleusen und Wehre mit dem Auf-und Abstieg in den Flüssen. Lobenswert, dass inzwischen die Binnenfischer durch den Besatz von Farmaal für den Erhalt und Aufbau des Aalbestandes sorgen.

Der Aal zählt seit jeher zu den edelsten und schmackhaftesten Speisefischen. Bereits im Mittelalter feierte man ihn gerne als *König des Tafelvergnügens*, wenngleich ihn manche wegen des schlangenartigen Äußeren mieden. Aal ist nicht nur der perfekte Räucherfisch, sondern er eignet sich auch zum Braten, Pochieren, Dämpfen oder Kochen. Das Schlachten des Aales sollte man übrigens dem Fachpersonal überlassen. Das Blut des Aales enthält ein Nervengift, das in Kontakt mit den Schleimhäuten oder mit offenen Hautverletzungen zu Erbrechen oder Lähmungserscheinungen führen kann. Durch Hitzeeinwirkung geht diese Eigenschaft verloren, weshalb man jedes Aalgericht unbeschwert genießen kann.

1 TL weiße Pfefferkörner
1 Lorbeerblatt
1 Bio-Zitrone
Salz
1 kg grüner Aal (küchenfertig)
80 g Butter
2 EL Weizenmehl
100 ml Küchensahne
1 kl. Bund Zitronenmelisse

Etwa 1 1/2 Liter Wasser zum Kochen bringen und salzen. Pfefferkörner, Lorbeerblatt und die in fingerdicke Scheiben geschnittene Zitrone hineingeben, so dass ein kräftiger Sud entsteht. Den gehäuteten Werra-Aal (oder ersatzweise Aal aus einem anderen Fanggebiet) gründlich waschen und in etwa 7 bis 8 cm große Stücke schneiden. Diese in den Sud geben und bei milder Hitze **15 bis 20 Minuten** köcheln lassen.

Die Butter mit Mehl gründlich zu Mehlbutter verkneten. In einer Kasserolle ca. 1/4 Liter geseihten Aalsud mit der Küchensahne zum Kochen bringen. Mit einem Schneebesen die Mehlbutter flöckchenweise unterschlagen und so die Sauce zur gewünschten Konsistenz bringen. Kurz vor dem Servieren die gewaschene und fein geschnittene Zitronenmelisse einrühren.

Die Aalstücke in der Sauce servieren. Dazu passen kleine Pellkartoffeln, aber auch Reis, grüne Blattsalate oder zartes, gebuttertes Gemüse.

Werratal in Thüringen

Die dänische Königin nach dem gelungenen Mahl (siehe S. 72)

Spickhecht auf Sauerkraut mit Augustäpfeln

Hechte sind prächtige Süßwasserfische, die von Anglern nur nach dem Ablaichen gefangen werden dürfen. Nicht selten erreicht der *Hai des Süßwassers* – wie der Hecht gern genannt wird – eine Länge von einem Meter oder mehr.

Hechte sind praktisch überall im Süßwasser anzutreffen, mitunter halten sie sich auch im Brackwasser der Bodden und Haffe auf, denn sie vertragen einen niedrigen Salzgehalt des Wassers. Der Meister der Tarnung fühlt sich im Flachwasser besonders wohl, wo er seine Beutetiere chancenreich jagen kann. Dazu gehören nicht nur Fische, sondern auch Frösche, Mäuse oder sogar junge Wasservögel. Auch die eigenen Artgenossen bleiben nicht verschont. Die weiblichen Hechte können übrigens bis zu einem Drittel die Körpergröße der Männchen übertreffen.

Entlang der mehrfach unterbrochenen Seitenlinie hat der Hecht kleine Schuppen. Diese werden entfernt, sofern der Hecht mit der Haut in der Küche verarbeitet wird. Ein Fischschupper leistet dabei gute Dienste. Geschmacklich werden übrigens die 60 bis 80 Zentimeter großen Hechte besonders geschätzt. Noch zu meiner Lehrzeit standen in jedem guten Restaurant *Hechtklößchen in Rahmsauce* auf der Speisekarte. Dafür wurde eine feine Hechtfarce hergestellt, von der mit einem Esslöffel kleine Klößchen abgestochen und im Salzwasser vorsichtig gegart wurden. Flusskrebse, Krabben oder sogar Hummer können ganz edle Begleiter sein.

In Deutschlands Osten bringt man den Hecht sofort mit dem Spreewald in Verbindung. Mit viel Wurzelwerk, Zwiebel und Gewürzen pochiert, wird der Hecht in einer Sahnesauce serviert, die mit hellem Bier aufgepeppt und mit gehackter Petersilie und Dill abgerundet wird – wahrscheinlich eine der leckersten Hechtzubereitungen! Hervorragend lässt sich der Hecht aber auch in der Butterpfanne braten. Im Badischen schlägt ihm sein letztes Stündchen natürlich im Wein, in einem Hamburger Kochbuch verspricht er mit Austern und Aal einen Gaumenschmaus. Die Vielseitigkeit dieses heimischen Fisches ist überwältigend. Nun aber ein Rezept für einen Spickhecht, wie er bereits für Goethe zubereitet wurde – und heute immer noch köstlich schmeckt!

800 g Hechtfilet

100 g fetter Speck, geräuchert

Salz, Pfeffer

Saft von 1 Zitrone

80 g Butter

1 Glas Weißwein

50 g Kapern

100 g saure Sahne

für das Sauerkraut:

2 EL Gänse- oder Butterschmalz

1 Zwiebel

3 Augustäpfel

800 g Sauerkraut

1 kleines Lorbeerblatt

2 – 3 Nelken

1/2 TL Kümmel

5 Wacholderbeeren

5 Pfefferkörner

1/4 l Weißwein

etwas Zucker

Das möglichst dickfleischige Hechtfilet in vier gleich große Stücke teilen. Den Speck in dünne Streifen schneiden und mit diesen mittels einer Spicknadel oder eines sehr spitzen Messers die Hechtstücke spicken. Diese anschließend mit Salz, weißem Pfeffer und Zitronensaft würzen.

In einer Deckelpfanne die Butter zerlassen und darin das Hechtfilet von beiden Seiten anbraten. Etwas Weißwein angießen und bei kleiner Flamme zugedeckt etwa **8 bis 10 Minuten** garen. Den Hecht herausnehmen und warm stellen. Bratensatz mit restlichem Weißwein ablöschen, die fein gehackten Kapern zugeben und mit der sauren Sahne binden. Gegebenenfalls mit etwas Zitrone nachschmecken.

Das Sauerkraut sollte vorher zubereitet werden. Im erhitzten Gänse- oder Butterschmalz die geschälte und in Scheiben geschnittene Zwiebel glasig anschwitzen. Die entkernten Augustäpfel in Scheibchen (blättrig) schneiden und zufügen. Dann das gewaschene Sauerkraut und die Gewürze zufügen, mit dem Wein auffüllen und zugedeckt etwa **1 Stunde** auf kleiner Flamme garen. Mit etwas Zucker abschmecken.

Die Hechtstücke auf dem Kraut anrichten und mit der Sauce servieren. Dazu schmecken Salzkartoffeln.

DDR-Fischkoch Rudolf Kroboth verdient noch heute meine Hochachtung, denn bei dem schmalen

Im Ofen gebackene Kräuter-Makrele

Fischangebot von einst war es nicht einfach, unter dem Motto *Fisch auf jeden Tisch* immer wieder Interessantes zu bieten. Ein Fisch, der ungerechtfertigter Weise schlechthin als *DDR-Fisch* bezeichnet wurde bzw. immer noch wird und dessen Namen viele Leute von einst nicht mehr hören können, soll von mir etwas näher vorgestellt werden.

Die Makrele mit ihren guten Eigenschaften hat es nämlich nicht verdient, abwertend als „Billigfisch" betrachtet zu werden.

Das hat nicht nur damit zu tun, dass sie so gesund sind: Kaltwasserfische, zu denen die Makrele und auch der Hering gehören, enthalten größere Mengen von Omega-3-Fettsäuren. Diese senken die ge-

fährlichen Cholesterin- und Triglycerinwerte und senken die Gefahr von Herz-Kreislauf-Erkrankungen.

Den Feinschmecker interessieren jedoch vor allem die kulinarischen Eigenschaften, und hier kann die Makrele ebenfalls auftrumpfen: Da sie zur Familie der Thunfische gehört, wird sie geschmacklich auch gern mit dem Thunfisch verglichen. Dabei ist der eher milde, beinahe neutrale Thunfisch mit dem intensiven Makrelengeschmack, der von Liebhabern des kräftigen Fischaromas sehr geschätzt wird, gar nicht so gut vergleichbar.

Makrelen eignen sich wegen ihres fetten Fleisches besonders gut zum Räuchern und Grillen. Richtig geräuchert, bleibt ihr Fleisch saftig und harmoniert gut mit dem Raucharoma. Frische Makrelen werden geschuppt, oft auch filetiert. Die nicht selten 50 bis 60 Zentimeter großen Fische werden portioniert und eignen sich ebenso zum Braten, Dünsten oder Pochieren. Nicht zu große Exemplare werden gern im Ganzen zubereitet.

In England wird Makrelenfilet übrigens oft in einem Fenchel-Fischsud pochiert und mit einem Püree aus grünen Stachelbeeren serviert. Während die „normalen" Makrelen hauptsächlich in den nördlichen Breiten bekannt sind, gibt es auch in der südlichen Hemisphäre eine Makrelenart. Die *Zweilinien-Makrele* lebt in den Korallenriffen des Pazifiks um Südafrika, aber auch im Roten Meer. Sie wird bis zu einem Meter lang, und ihren deutschen Namen erhielt sie wegen der zweiten Seitenlinie, durch die sie sich von den anderen Makrelen mit nur einer Linie unterscheidet.

Also, zwischen den Bratwürsten und Rostbräteln der Sommergrillsaison könnte auch ein schönes Makrelengericht mal wieder für Abwechslung sorgen – der Gesundheit ist es allemal dienlich. Und auch Rudolf Kroboth, würde er noch unter uns weilen, hätte seine helle Freude.

4 Makrelen à 250–300 g
Salz
4 Zweige Rosmarin
1 Bund gemischte frische Kräuter (Petersilie, Schnittlauch, Thymian, Salbei, Sauerampfer etc.)
1 Bio-Zitrone
80 g Butter
weißer Pfeffer
etwas Speiseöl

Die gründlich ausgewaschenen Makrelen auf beiden Seiten mit einem scharfen Messer bis auf die Gräten mehrfach einschneiden. Innen die Bauchhöhle mit etwas Salz ausreiben und in jede Makrele einen Rosmarinzweig geben.

Kräuter waschen, trockenschütteln und fein hacken. Zusammen mit dem Saft sowie der abgeriebenen Schale der Zitrone unter die weiche Butter arbeiten. Mit Salz und gemahlenem weißen Pfeffer würzen.

Nun die Kräuterbutter in die Einschnitte der Makrelen streichen. Dazu eignet sich ein Kaffeelöffel. Die Makrelen in eine mit Speiseöl gefettete Auflaufform legen (alternativ auf eine mit Öl gefettete Alufolie, deren Enden leicht zusammengedreht werden).

Im Ofen bei **160 bis 170 °C** etwa **15 bis 20 Minuten** backen bzw. grillen. Den entstehenden leckeren Backfond vor dem Servieren über die Fische geben.

Dazu empfehle ich neue Kartoffeln, als Pellkartoffeln gekocht, und frische Blattsalate oder einen würzigen Gurkensalat.

Von einem sehr guten Eichsfelder Freund und Küchenchef erfuhr ich vor vielen Jahren, dass den Eichsfeldern nicht nur *alles Wurst* ist. Der historische Landstrich Eichsfeld zwischen Harz und Werra wird

Eichsfelder Kräuterforelle mit Rahmsalat

durch die Flüsschen Leine und Wipper in oberes und unteres Eichsfeld geteilt.

So unglaublich es auch klingen mag, die Eichsfelder haben durch ihren katholischen Glauben auf einem relativ kleinen Territorium eine Vielzahl von Traditionen und Bräuchen bewahrt, die man nur hier erleben kann. Das betrifft in nicht unerheblichem Maße auch die Küche, Nahrungsmittel und Spezialitäten dieser Region. Über Jahrhunderte hinweg ernährte man sich hauptsächlich von dem, was Äcker, Ställe und Wälder Essbares hervorbrachten. Die somit doch recht begrenzte Produktpalette sorgte jedoch für eine große Ideenvielfalt, und es entstand eine phantasievolle Traditionsküche.

Regelrecht ins Schwärmen kommen die Einheimischen, wenn sie vom üppigen Hochzeitsessen erzählen. Das fängt mit der Hochzeitssuppe an, die mit köstlichem Rindfleisch, reichlich Gemüse und Kräutern angesetzt wird. Klassische Suppeneinlagen sind Markklößchen und Eierstich. Auch Süßspeisen wie Zitronencreme, Puddingauflauf oder Karamellspeise dürfen nicht fehlen, ebenso wenig ein vielfältiges Angebot an Hochzeitskuchen, natürlich mit den berühmten Eichsfelder Schmand- und Zuckerkuchen.

Zu den wichtigsten Festen im Eichsfeld gehört das herbstliche Kirchweihfest – die Kirmes. Traditionell wird zur Kirmes das *Hammelgericht* aufgeführt, wo einem alten Hammel alles Unangenehme des vergangenen Jahres auferlegt und dieser quasi zum *Sündenbock* erklärt wird. Wie kann es anders sein: Zu diesem Fest werden auch allerlei Lammspezialitäten zubereitet und verkauft. Im November, in der Martinszeit, wandern unzählige Gänse und Hühner in Topf und Pfanne. Oft werden dazu *Eichsfelder Klöße* gereicht. Die Eichsfelder verstehen darunter herzhaft gewürzte Kartoffelplätzchen, die aus gekochten Kartoffeln hergestellt und in heißem Fett goldbraun gebraten werden.

Auch die *Sauren Klebchen* sind eine typische (und leckere) Spezialität der Region: Eisbein mit den ausgefallenen Zutaten Dörrpflaumen, Sultaninen und Lebkuchen. Dieses Gericht gibt es kurz vor der Fastenzeit. In der Fastenzeit selbst wird traditionell viel Fisch gegessen, wobei die Kräuterforelle sehr beliebt ist, weil sie sich schnell und unkompliziert zubereiten lässt.

4 küchenfertige Forellen à 300 g

Saft von 1/2 Zitrone

Salz

1 kl. Bund Schnittlauch

1 kl. Bund Petersilie

1 Kästchen Gartenkresse

200 g Butter (alternativ:
200 g fertige Kräuterbutter)

für den Rahmsalat:

1 Kopfsalat

200 g Schmand

Saft von 1 Zitrone

1 kleine Zwiebel

1 kl. Bund Dill

Salz, Zucker, weißer Pfeffer

etwas Salatöl

Die gesäuberten Forellen leicht mit Zitronensaft und Salz ausreiben. Die Kräuter fein hacken und zusammen mit je 50 g Butter in die Bauchhöhle geben. Die so gefüllten Forellen auf je einen Bogen Alufolie legen; diesen vorher mit etwas Wasser benetzen. Rundum die Folie gut verschließen, sie sollte aber nicht zu fest am Fisch anliegen.
Die Forellen im auf 170 °C vorgeheizten Ofen **25 bis 30 Minuten** garen.

In der Zwischenzeit Kopfsalat putzen, waschen und auf 4 Teller verteilen. Zwiebel fein würfeln und Dill fein hacken. Zusammen mit Schmand, Zitronensaft, Salatöl und Gewürzen zu einem cremigen Dressing verrühren. Dieses gleichmäßig kurz vor dem Servieren über den Salat geben.
Dazu passen Pellkartoffeln oder Brot.

Starke Heimatgefühle –
aus Pfanne, Bräter oder vom Rost

Ein denkwürdiger Tag, der 2. Dezember 1990. Nach mehr als 58 Jahren wird zum ersten Mal im

Leipziger Allerlei – das Original

wiedervereinigten Deutschland das Parlament frei gewählt. Am Abend gibt es im Fernsehen eine Unterhaltungssendung, in der unter anderem fünf Köche auftreten, die Deutschland kulinarisch repräsentieren und jeweils mit einem Prominenten ein typisches Gericht kochen sollen – neben u.a. Alfons Schuhbeck und Hans-Dieter Wodarz stehe ich als Thüringer Koch zusammen mit dem Entertainer Gunther Emmerlich für den Osten auf der Bühne. Auch wenn ich ganz gerne thüringisch gekocht hätte, die Regie hat bereits das *Leipziger Allerlei* festgelegt.

Kein Problem, denke ich, im Gegenteil: So habe ich die Möglichkeit, das schlechte Image vom Leipziger Allerlei zu beseitigen.

Nur wenige (in West *und* Ost) wissen, was das Gericht eigentlich beinhaltet. Die meisten verstehen darunter ein buntes Mischgemüse. Schul- und Betriebskantinen sind daran sicher nicht ganz unschuldig. Der Gipfel der Grausamkeit ist jedoch Mischgemüse aus der Dose, das tatsächlich ebenfalls *Leipziger Allerlei* heißt.

Da es zu DDR-Zeiten die meisten Zutaten, die man fürs eigentliche Leipziger Allerlei benötigt, nicht gab, bereitete es mir besondere Freude, dies in der Sendung zu zeigen. Denn dort standen Schüsseln mit jungen Karotten, Böhnchen, Spargel, Blumenkohl sowie Flusskrebsschwänzen, Krebsbutter und edlen Frühlingsmorcheln bereit. In der Marktwirtschaft ist eben alles da,

um selbst im Winter ein klassisches Frühlingsgericht zu kochen.

Das Leipziger Allerlei soll übrigens im frühen 19. Jahrhundert in Leipzig erfunden worden sein. Auf dem Ackerland um Leipzig wuchs damals reichlich Gemüse, in den Flussläufen der Tiefebene gab es unzählige Flusskrebse und in den Auenwäldern Frühlingsmorcheln. So waren alle köstlichen Zutaten zusammen.

Zurück zum 2. Dezember 1990: Mein Fernsehdebüt wird noch zur Zitterpartie, da sich Gunther Emmerlich während der Zubereitung kaum im Zaum halten kann und von den Zutaten nascht. Am Ende ist es gar nicht so leicht, die von der Regie festgelegten vier Portionen für die Abschlusstafel bereitzustellen. Aber es klappt: das Leipziger Allerlei erntet riesigen Beifall, ich bin glücklich und erleichtert. Bis heute eine meiner schönsten Erinnerungen.

40 g getrocknete Morcheln

200 g Spargel

200 g Bohnen

200 g Möhren

200 g Blumenkohlröschen

1 Prise Zucker

80 g Butter

Salz, weißer Pfeffer

24 Flusskrebsschwänze

40 g Krebsbutter

Die getrockneten Morcheln säubern und einweichen. Spargel schälen, Bohnen putzen, alles in mundgerechte Stücke schneiden. Möhren putzen oder schälen und in Stifte schneiden, vom gewaschenen Blumenkohl kleine Röschen abteilen.

Das Gemüse vorzugsweise im Dampf nach Vorschrift bissfest garen (unterschiedliche Garzeiten beachten). Über die Möhren dabei eine Prise Zucker geben. Einweichwasser für die Morcheln abgießen, Pilze ausdrücken. Die Morcheln im wallenden Salzwasser etwa **5 Minuten** kochen und danach in Scheiben schneiden.

Butter in einer großen Pfanne auslassen. Das gegarte Gemüse darin schwenken und mit Salz und Pfeffer würzen.

In einer zweiten Pfanne die Krebsbutter schmelzen. Darin die Krebsschwänze mit den Morcheln schwenken und ebenfalls leicht mit Pfeffer und Salz würzen. Der Eigengeschmack der Zutaten sollte möglichst gut erhalten bleiben.

Das Gemüse auf 4 Teller gleichmäßig verteilen. Das edle Krebsschwanz-Morchel-Gemisch mittig auf das Gemüse setzen.

Tipp

Dieses Gericht eignet sich prima als Hauptspeise, aber auch als Beilage. Mitunter werden kleine gegarte Semmelklößchen auf dem Gemüse verteilt, was dem Originalrezept nicht unbedingt widerspricht.

Auch im berühmten Leipziger „Auerbachs Keller" serviert man häufig das „echte" Leipziger Allerlei.

Letscho

Zugegebenermaßen gehörte ich früher nie so recht zu den Sympathisanten der weit verbreiteten *Steak-Letscho-Kultur*. Auf den Speisekarten der DDR wurde eigentlich immer mindestens eine Kombination mit Schweine- oder Rindersteak, Schaschlik, Hacksteak, Geflügel oder sogar Fisch angeboten. Für mich als Koch ist ein Steak mit einer Gemüsesauce überzogen eigentlich kein richtiges Steak. Nun wurde aber aus dem befreundeten Ungarn regelmäßig Letscho in der Konserve geliefert – und das Gemüsegericht bahnte sich so seinen Weg auf die Speisekarten und Esstische der DDR.

Letscho (oder ungarisch *Lecsó*) ist ein schnell zubereitetes, vermutlich aus der Puszta stammendes Sommergericht. Mittlerweile wird es in einer Vielzahl von kreativen Abwandlungen im österreichischen Burgenland, in Deutschland, Tschechien, Polen und anderen Ländern zubereitet. Im Herkunftsland Ungarn selbst ist es ein echtes Nationalgericht.

Aus Tradition findet man Letscho bis heute als Glaskonserve vorwiegend in ostdeutschen Supermärkten. Wesentlich besser schmeckt es aber frisch zubereitet – das Gericht ist denkbar einfach sowie preiswert im Einkauf: Spitzpaprika, die gelblich-weißen und auch roten Paprikaschoten, gehören unbedingt dazu, ebenso Zwiebeln, Tomaten und auch Speck, der aber durch pflanzliche Öle ersetzt werden kann. Es kursieren mehrere Rezepturen und Zubereitungsvarianten, Tomaten und Paprika sollten aber immer im Verhältnis 1:2 verarbeitet werden. Die Paprikaschoten dürfen dabei auch klein, deformiert oder vielleicht sogar schon etwas schrumpelig sein – man benötigt also nicht unbedingt optisch beste Qualität. Umso aromatischer wird das Endprodukt!

Dass Letscho in seiner ungarischen Heimat auch oft als vollwertiges Gericht und nicht nur als Beilage auf den Tisch kommt, sollte ich bei einer Dienstreise noch zu DDR-Zeiten erfahren. Abseits der Touristenwege erhielt ich das köstliche Nationalgericht mit einem Spiegelei belegt. Dazu wurde mir Brot angeboten. Ich erfuhr, dass das Gemüse mitunter mit geschlagenem Ei gebunden und mit Wurstscheiben angereichert wird. Meiner Meinung nach nur für „Abgehärtete" zu empfehlen ist die in Ungarn übliche Zugabe einer Paprikawurst. Der richtige Name ist mir leider entfallen, die deutsche Übersetzung jedoch blieb im Gedächtnis: *Höllenwurst*! Nomen est omen …

Mein Einsatz als Juror beim Mitteldeutschen Erdgaspokal der Schülerköche in Magdeburg

100 g fetter Speck
1 große Gemüsezwiebel
800 g Spitzpaprika (weiß-gelb und rot)
400 g Tomaten
2 TL edelsüßes Paprikapulver
scharfes Paprikapulver (Menge nach Belieben)
Salz
Lecso kolbaz (Letscho- bzw. Paprikawurst, Menge nach Belieben)
4 Eier

Speck in nicht zu grobe Würfel schneiden und in einer großen Pfanne auslassen. Zwiebel schälen, in halbe Ringe schneiden und im Speck anrösten. Paprikaschoten waschen, vom Kerngehäuse befreien und in etwa 1 cm breite Streifen schneiden. Zu den Zwiebeln geben.

Tomaten kurz im Dampf oder im kochenden Wasser blanchieren, von der Schale und vom Stielansatz befreien und in grobe Stücke schneiden. Den Paprikaansatz mit dem edelsüßen und dem scharfen Paprikapulver sowie mit dem Salz würzen, am Schluss die Tomatenstücke zugeben. Das Ganze zugedeckt etwa **15 bis 20 Minuten** schmoren lassen.

In der Schlussphase die in Stückchen geschnittene Wurst zugeben und die verquirlten Eier hineingeben. Weiterrühren, bis die Eimasse gestockt ist.

Sofort servieren und dazu Reis oder frisches Bauernbrot reichen.

Wer in Ostthüringen auf kulinarische Entdeckungsreise geht, wird an einer Köstlichkeit kaum vorbeikommen: dem Mutzbraten. Dieser hat seine ganz eigene Geschichte, die nicht nur interessant, sondern auch recht skurril ist.

Ostthüringer Mutzbraten

Das Rezept dagegen ist leicht und relativ unkompliziert. Es entstand, wie so oft, durch fleißige Küchen-Experimente, in diesem Fall von einem Thüringer Fleischermeister vor etwa einhundert Jahren. Der Name *Mutz* kam sicherlich von eingewanderten Schlesiern ins Spiel, denn dort werden die Schweine *Mutz* genannt.

Die Ostthüringer haben nun aber eine viel verrücktere Geschichte daraus gemacht. So kann man vom Mutzverein, der immerhin schon über 200 Mitglieder zählt, erfahren, dass Mutze Fabelwesen sind, die aus dem benachbarten Sachsen eingewandert bzw. durch die Gebietsreform der 1950er Jahre nun zu Thüringen gehören und es dort zu einer beachtlichen Population gebracht haben. Der sogenannte *Urmutz* lebte wohl in der Region Altenburg-Schmölln und verbreitete sich unaufhörlich. Der Verein kontrolliert den Mutzbestand, regelt die Fangquoten und somit die Mutzjagd. Der Mutz ist übrigens ein zweigeschlechtiges Wesen und lebt in Gruppen zu sechs Mutzen. Allen schießfreudigen Jägern sei gesagt, dass Mutze kugelabweisend sind. Lediglich eine spezielle zweizinkige Gabel führt zum Jagdglück. Diese muss neuerdings auf Forderung der Tierschützer gepolstert sein, denn nur schmerzfrei getötete Mutze bringen den vollendeten Geschmack des Mutzbratens. Im Mutzmuseum in Kraftsdorf kann man auch erfahren, wie sich der elektrisch geladene Mutz bei Gewitter verhält, wie er sich fortpflanzt und wie die Mutzküken schlüpfen ... Ich glaube, jedem ist jetzt klar, warum sich der Verein selbst *Unnützer Verein der Freien Mutzfänger Thüringens* nennt ...

Unbestritten schmeckt jedoch der Mutzbraten wirklich köstlich: Aus einem Schweinekamm werden faustgroße Stücke zu etwa je 250 Gramm geschnitten und mit Gewürzen kräftig durchgewalkt. Dann wird das Fleisch auf einen Spieß gesteckt und über Birkenholzfeuer gegrillt. Das Geheimnis eines guten Mutzbratens liegt im langsamen Grillen über wohldosiertem Feuer, in gleichmäßigen Drehbewegungen und im fortwährenden Übergießen mit dem aufgefangenen herabtropfenden Bratensaft. Dazu hat man einen indirekten Grill entwickelt, der Mutzbratenstand heißt. Nach etwa zwei Stunden Grillzeit erhält man einen Mutzbraten, der sein einzigartiges Aroma nicht nur von den Gewürzen sondern auch vom Birkenholz bekommt. Und, auf diese Weise gestärkt, kann es auch auf zur nächsten Mutzjagd gehen. Aber die gepolsterten Gabeln nicht vergessen ...

Eine Art von Mutzbratengrill

1 kg Schweinekamm ohne
Knochen

20 g Speiseöl

für die Gewürzmischung:

1 gestr. EL Salz

1 gestr. TL gemahlener
schwarzer Pfeffer

1 geh. TL Majoran

1 geh. TL edelsüßes
Paprikapulver

etwas gemahlener Kümmel
(nach Belieben)

Das Kammstück in Portionsstücke zu etwa 250 Gramm teilen und mit der Gewürzmischung rundum gut würzen und kräftig durchwalken. Zum Schluss noch etwas Speiseöl dazugeben, damit das Fleisch leicht ölig wird und gut mariniert. Gut gekühlt **einige Stunden**, besser noch über Nacht, marinieren.

Die Fleischstücke auf einem Drehspieß sanft braten, dessen Drehgeschwindigkeit so gewählt wird, dass der Bratensaft möglichst am Fleisch bleibt. Dennoch abtropfenden Saft in einer Saftpfanne unter dem Spieß auffangen und immer wieder über das langsam garende Fleisch gießen. Das Feuer unter dem Braten wird idealerweise mit einer Mischung aus trockenem und etwas grünem Birkenholz angefacht.

Der Mutzbraten sollte saftig, knusprig und durchgebraten sein, wenn er aufgetragen wird. Am besten schmecken dazu Sauerkraut, Senf, frisch gebackenes Bauernbrot oder Pellkartoffeln und natürlich ein Schwarzbier aus der Region.

Ein Ausflug in die einfache Alltagsküche kann auch mal ganz spannend sein. Vor allem, wenn diese aus frischen und guten Zutaten be-

Gefülltes Hacksteak auf Zigeuner-Art

steht. Leider hat die Erfindung des Fleischwolfs im 19. Jahrhundert einige *schwarze Schafe* in der Küche hervorgebracht: Durch die Verarbeitung von nicht mehr ganz einwandfreiem Fleisch hatten Hackfleischgerichte nicht immer einen guten Ruf. Das war und ist aber glücklicherweise die Ausnahme.

Die der brandenburgisch-preußischen Küchenkultur zugeordneten Buletten sollen durch die Truppen Napoleons Anfang des 19. Jahrhunderts ins besetzte Berlin „importiert" worden sein. Die kleinen, kugelförmigen Fleischklößchen erhielten ihren Namen nach dem Wort *boule* für *Kugel*. Später wurden die Fleischklöße größer geformt und beim Braten leicht flachgedrückt. Das Hacksteak war erfunden. Bis in die Mitte des 19. Jahrhunderts wurde übrigens meistens Kalbs- und Rindfleisch verarbeitet. Die heute übliche Mischung *halb Schwein und halb Rind* wurde erst später populär.

In ein Hacksteak gehören in der Regel (regionale Abweichungen sind möglich) vorgedünstete Zwiebelwürfel, Ei, in Milch, Wasser oder Sahne eingeweichte altbackene Brötchen oder Semmelmehl. Salz, Pfeffer, Knoblauch, Majoran, Kümmel, Senf oder auch gehackte Petersilie geben dem Ganzen erst die richtige Note. Aus dieser Masse kann man nun entweder Frikadellen formen oder ein Hacksteak.

Der Unterschied zwischen Buletten und Frikadellen wiederum besteht übrigens darin, dass letztere eher länglich sind und noch einmal in Semmelmehl gewendet werden, bevor man sie brät.

In Deutschland gibt es die Vorschrift, dass in Hacksteaks mindestens 80 Prozent Fleisch in der Rohmasse enthalten sein muss. Hacksteaks mit (zu) hohem Brötchenanteil werden auch gern mal ironisch *Bäckerstolz* genannt ...

Zurück zur „kleinen Schwester", der Frikadelle: Im Ruhrpott bekommt man sie als *Fricki*, in Süd- und Westthüringen als *Hackhuller* oder einfach nur *Huller*. Der mir noch sehr gut in Erinnerung gebliebene DDR-Fernsehkoch Kurt Drummer verwendete gerne den Ausdruck *Brisolette* und bezeichnete damit gebratene Fleischklopse von Schweine-, Rinder- oder Geflügelhack, die er trotz damals begrenzter Möglichkeiten durch verschiedene Beigaben möglichst interessant „auf den Bildschirm" brachte. Nachfolgendes Rezept ist meines Wissens im Osten Deutschlands immer noch das beliebteste.

1/2 Brötchen vom Vortag
500 g Gehacktes (gemischt)
1 Knoblauchzehe
Salz
1 mittelgroße Zwiebel
1 Ei
Pfeffer
100 g Feta-Käse
Speiseöl zum Braten

für die Zigeunersauce:

100 g Jagdwurst
1 kleine Zwiebel
50 g Gewürzgurken (aus dem Glas)
100 g Tomaten
50 g geputzte Paprika
Tomatenketchup
edelsüßes Paprikapulver
Salz, Pfeffer

Für die Hacksteaks die altbackene Brötchenhälfte in Wasser einweichen, Zwiebel schälen und in ganz feine Würfel schneiden. Zum Hackfleisch den mit Salz zerriebenen oder gepressten Knoblauch und die Zwiebelwürfel geben, ebenso das verrührte Ei und zum Schluss das ausgedrückte und zerpflückte Brötchen. Nach Belieben mit Pfeffer und Salz würzen und alles gut durchkneten.

Fetakäse in vier gleich große Stücke teilen, ebenso die Fleischmasse. In die Mitte der zu formenden Hacksteaks jeweils ein Stück Fetakäse einarbeiten.

Im erhitzten Speiseöl die Hacksteaks von beiden Seiten knusprig anbraten. Danach in eine feuerfeste Form geben und bei **140 °C** (Umluft) im Backofen noch **10 Minuten** weitergaren.

In der Zwischenzeit die Zigeunersauce zubereiten: Dazu die Jagdwurst in nicht zu dicke Streifen schneiden und im Bratensatz der Hacksteaks schwenken. Zwiebel schälen und würfeln, Paprika waschen und in Streifen, Gewürzgurken in Scheiben schneiden. Tomaten kurz blanchieren, häuten und Fruchtfleisch in Stücke schneiden. Nacheinander Zwiebelwürfel, Paprika und Gewürzgurken sowie die Tomatenstücke zugeben.

Zum Schluss Ketchup und etwas Gurkenbrühe aus dem Glas dazugeben, so dass eine dicke Sauce entsteht. Mit Salz, Pfeffer und edelsüßem Paprikapulver würzen. Beim Anrichten die Hacksteaks auf die Sauce setzen. Dazu schmecken knusprige Bratkartoffeln.

Momentan gibt es im deutschen Fernsehen einen scheinbar ungebrochenen Trend zum Kochen, Braten und Backen – überhaupt zum Thema Essen und Trinken. Nicht alle Sendungen sind jedoch in fachlich-

Thüringer Kümmelfleisch mit Bier und Senf

informativer Sicht gute Sendungen. Mitunter geht es mehr um die Show als um die Inhalte, und Einschaltquoten sind nicht immer ein Beleg dafür, dass ideenreich und gut gekocht wurde. Unstrittig ist jedoch: Das grundsätzliche Interesse am kreativen Kochen ist wieder da, viele Zuschauer suchen neugierig nach neuen Rezeptideen, wollen die richtigen Handgriffe beim Vor- und Zubereiten lernen – oder einfach wissen, woher die Zutaten kommen und was man beim Einkauf beachten sollte.

Fest steht: Kochen macht Spaß und kann unglaublich viel Ideenreichtum wecken. Wenn man selbst kocht, ist das gleichzeitig ein großes Plus für die Gesundheit.

Tatsache ist aber auch, dass trotz dieses Trends für viele Menschen in der täglichen Ernährung Fast Food nach amerikanischem Vorbild eine immer größere Rolle spielt. Somit kann man für jede TV-Küchensendung, die zum Kochen mit frischen Produkten anregt, eigentlich nur dankbar sein.

Damit aber eine solche Fernsehsendung auch wirklich zum Nachkochen und Experimentieren anregt, müssten sich die Akteure häufiger mit einfachen Rezepten präsentieren. „Akrobatische Höchstleistungen" von Starköchen sind zwar schön anzusehen und mitunter auch unterhaltsam, sie bauen jedoch auch Barrieren auf. Manchmal ist schon die Beschaffung exotischer Zutaten zu kompliziert. Ich denke, je mehr sich der Zuschauer mit einem Gericht und seinen Zutaten identifizieren kann, umso größer ist die Wahrscheinlichkeit, dass er es auch kochen wird.

Ein sehr gutes Beispiel dafür ist mein beliebtes Rezept für Thüringer Kümmelfleisch. Dieses regionale Gericht ist sehr einfach zu kochen und schmeckt wirklich richtig gut. Zum ersten Mal habe ich es bereits zu meiner Lehrzeit gekocht, wo es auch als Personalessen sehr beliebt war. Das Beste ist aber eigentlich, dass man bei diesem Rezept garantiert nichts falsch machen kann!

100 g durchwachsener Speck
2 EL Speiseöl
4 mittelgroße Zwiebeln
500 g Schweineschulter
1 TL Kümmel
Salz
1 TL edelsüßes Paprikapulver
250 g Naturjoghurt (3,5 %)
2 Scheiben Vollkornbrot
Zucker
Senf, nach Belieben
1/4 l Pilsener Bier

Speck in feine Würfel schneiden und in einer großen Pfanne auslassen. Öl zugeben und die in dünne Keile geschnittenen Zwiebeln darin anschwitzen. Schweinefleisch in gulaschgroße Würfel schneiden und mit Kümmel, etwas Salz und Paprikapulver kräftig würzen. Zum Ansatz mit den Zwiebeln geben und es im eigenen Saft gar dünsten.

Joghurt zugeben und mit dem vorher zerbröselten Vollkornbrot binden. Mit einer Prise Zucker und dem Senf abschmecken, zum Schluss das Bier dazu gießen. Das Kümmelfleisch sollte jetzt nicht mehr kochen. Gut umrühren und gleich servieren.

Dazu empfehle ich Klöße von gekochten Kartoffeln und geschmorte Spitzkohlstreifen.

Beim mehrtägigen Weimar-Besuch der Burda-Familie. Rechts neben Sohn Hubert Aenne Burda (gest. 2005), von mir hochverehrt wegen ihrer Verdienste um die deutsche Rezeptkultur.

Auf vielen Speisekarten der DDR-Restaurants und -Gaststätten, aber auch auf den Speiseplänen der

Szegediner Gulasch

sogenannten Gemeinschaftsverpflegung dieser Zeit fand man immer wieder *Szegediner Gulasch*. Irgendwie passte dieses Gericht sehr gut in die Mangelwirtschaft: Ein Gulasch mit Sauerkraut bedeutete schließlich, dass man mit relativ wenig Fleisch doch noch eine zünftige Portion erhielt, die auch gut sättigte. Wenn man dann auch noch gutes Sauerkraut als Zutat hatte, schmeckte das deftige Gericht erst richtig köstlich. Doch ist Szegediner Gulasch wirklich eine DDR-Erfindung?

Keinesfalls, aber es war auch kein Import aus dem ungarischem Freundesland, wie man vermuten könnte. Immerhin heißt die drittgrößte ungarische Stadt, im Süden an der Grenze zu Serbien und Ru-

manien gelegen, *Szeged*. Und hier ist zwar die Heimat der inzwischen weltberühmten Pick-Salami, doch das Szegediner Gulasch hat seine Wurzeln definitiv nicht in dieser Stadt. Die Ungarn selbst sprechen bei dieser Spezialität nämlich vom *Székely gulyás*. So führt eine Spur ins rumänische Siebenbürgen: Dort gibt es eine ungarisch sprechende Minderheit – die Szekler, denen man das Gericht zuordnet. Die Szekler bereiten ihr Gulasch allerdings auch heute noch ohne Sauerkraut zu.

Nach meinem Gefühl dürfte eine ganz andere Geschichte zutreffender sein: So war wohl der in Ungarn recht populäre Familienname *Székely* in Person des Schriftstellers und Journalisten Josef Székely der „Vater" des Szegediner Gulasch. Von einem ungarischen Kollegen hörte ich die Geschichte wie folgt: Als besagter Székely in den 1840er Jahren zu vorgerückter Stunde ein Lokal in Pest besuchte, war dort bereits Küchenschluss. Hunger oder zumindest unbefriedigter Appetit kann schon mal Emotionen auf-

kommen lassen, und so soll Székely den Kellner lautstark belehrt haben, dass es doch möglich sein muss, etwas *Káppszka* (Kraut) und Gulasch aufzuwärmen. Ob er es sich gleich mischen ließ oder beides selbst vereinigte, wird man heute nicht mehr ergründen können. Es ist auch gar nicht erforderlich, denn mit einem Klecks Sauerrahm versehen, schmeckte dem Gast die Speise vorzüglich.

Der wohl ebenfalls an diesem Abend anwesende Nationaldichter Sándor Petöfi hat die Begebenheit dann an die Öffentlichkeit gebracht. So viel zur Geburtsstunde des Szegediner Gulasch. Und ich sage Ihnen: Am besten schmeckt das Szegediner Gulasch tatsächlich, wenn es einmal aufgewärmt wurde. Ursprünglich wurde dazu ein Kanten Brot oder eine knusprige Semmel gegessen. Aber auch gekochte Kartoffeln sind als Beilage goldrichtig. Da wir in Deutschland das Sauerkraut sowieso lieben, haben wir das Szegediner Gulasch in unseren heimischen Küchenschatz aufgenommen. Hier finden Sie das Rezept, wie ich Szegediner Gulasch am liebsten zubereite.

800 g Schweineschulter

Salz, Pfeffer

3 mittelgroße Zwiebeln

100 g durchwachsener, geräucherter Speck

1 Knoblauchzehe

400 g Sauerkraut

Paprika edelsüß
(Menge nach Belieben)

1/2 l Gemüsebrühe

200 ml saure Sahne

1 TL gemahlener Kümmel

Die gesäuberte Schweineschulter in etwa 3 cm große Würfel schneiden und mit Salz und Pfeffer kräftig würzen. Zwiebeln schälen und klein würfeln. Speck in ganz feine Würfel schneiden und in einem Bräter auslassen. Die knusprigen Grieben mit einer Schaumkelle aus dem Fett nehmen und beiseite stellen.

Jetzt die Schweineschulterstücke zugeben und rundum schön braun anbraten. Ebenfalls wieder aus dem Bräter nehmen. Die gewürfelten Zwiebeln und den zerdrückten Knoblauch in den Bratensatz geben und unter Rühren glasig dünsten. Danach das Sauerkraut, die angebratenen Fleischwürfel und die Speckgrieben dazugeben. Das Ganze nach Geschmack mit edelsüßem Paprikapulver würzen, gut durchrühren und mit der Brühe angießen, so dass alles fast bedeckt ist.

Den Deckel auf den Bräter setzen und alles im Ofen **1 Stunde** bei **180 °C** weiterschmoren. Zwei Drittel der sauren Sahne unterrühren. Mit Salz, Pfeffer und Paprikapulver nachwürzen.

Die restliche saure Sahne mit dem gemahlenen Kümmel vermischen, davon kurz vor dem Servieren jeweils einen Klecks obenauf setzen. Zum Szegediner Gulasch passen Salz- oder Petersilienkartoffeln.

Tipp

Wer Kümmel weniger mag, kann die Menge auch reduzieren oder ganz weglassen.

Wer möchte zu Ostern schon gerne einen falschen Hasen? Die bunt gefärbten Eier und Süßigkeiten soll

*F*alscher Hase

ja gefälligst ein richtiger Osterhase bringen! Dazu fällt mir die Geschichte ein, dass am anderen Ende der Welt, in Australien, der *Bilby* die Ostereier bringt. Auf den ersten Blick ist er mit seinen langen Ohren ein hasenähnliches Tier. Da der Bilby aber zu den Beuteltieren gehört, spricht man auch vom *Kaninchennasenbeutler*. Den Australiern ist der *richtige*, eingeschleppte Hase zum Graus geworden, denn wegen fehlender natürlicher Feinde entwickelte er sich zur Landplage. So ist Bilby eigentlich ein *falscher* Hase und daher zu Ostern wieder genau richtig ...

Unser *falscher Hase* zählt dagegen zu den beliebtesten Gerichten – auch wenn ihm immer mal wieder ganz seltsame Geschichten

angehängt werden. Böse Zungen sprechen davon, dass vor allem im Krieg und in den Nachkriegsjahren oft die eine oder andere Katze, die früher auch als *Falscher Hase* oder *Dachhase* bezeichnet wurde, statt eines echten Hasenbratens in die Pfanne wanderte. Ich denke aber (und hoffe), dass das eher die große Ausnahme war. Glaubhafter finde ich die Theorie, dass sich einen echten Hasenbraten die wenigsten leisten konnten – und so ist anzunehmen, dass nach Alternativen (nicht nach Katzen!) gesucht wurde. Hackfleisch, egal ob von Rind oder Schwein, war meist leichter zu beschaffen und konnte zudem individuell nach eigenem Geschmack mit vielen weiteren Zutaten und Gewürzen versehen werden. Nun muss man den Hackbraten nur noch in eine Form bringen, die einem Hasenrücken ähnelt – und voilà! Selbst die braune Farbe passt ganz gut ...

Doch zu Ostern sollte es dann schon etwas Besonderes sein. Da der Hase ein Möhrenliebhaber ist, wurden eine oder mehrere geschälte und halbgar gekochte Möhren in die Mitte des Hackbratens ein-

Meine Studiengruppe von der Leipziger Hotelfachschule. Kein Witz: Hinten steht Michael Kohlhase, wenn man so will, ein echter Hase.

gearbeitet. Beim Aufschneiden des fertigen Hackbratens entsteht dann ein sehr schönes Schnittbild. Da wir insbesondere zu Ostern alle gerne „Verstecken" spielen, wurden auch übrig gebliebene, hart gekochte und gepellte Eier im Hackbraten versteckt. Eigentlich müsste dieses Gericht also *Pfiffiger Hase* heißen, denn ein besseres Versteck gibt es wirklich nicht!

für etwa 4 bis 6 Portionen:

2 altbackene Brötchen

2 mittelgroße Zwiebeln

800 g Hackfleisch (gemischt)

1 kleine Knoblauchzehe

Salz

2 TL Senf

4 Eier (davon 2 hartgekocht)

geriebene Muskatnuss

Salz, Pfeffer

80 ml Speiseöl

1 Möhre

50 g Sellerieknolle

1 große Tomate

1 Zweig Thymian

1/4 l Fleisch- oder Gemüsebrühe

1 Lorbeerblatt

100 ml Küchensahne

pflanzliches Bindemittel
(wie z. B. Nestargel-Johannis-
brotkernmehl)

Die altbackenen Brötchen in Wasser einweichen und danach gut ausdrücken. Eine Zwiebel sehr fein würfeln und mit den ausgedrückten Brötchen zum Hackfleisch geben. Knoblauchzehe fein hacken und mit etwas Salz zerreiben. Gemeinsam mit Senf, den beiden aufgeschlagenen rohen Eiern, etwas Muskatabrieb, Pfeffer und Salz zum Fleisch geben. Alles gut miteinander verkneten und anschließend zu einem länglichen Laib formen, der in der Mitte der Länge nach eine Vertiefung erhält.

In die Vertiefung hintereinander die hart gekochten Eier legen und von beiden Seiten den Fleischteig zusammendrücken, die gekochten Eier sollten nicht mehr zu sehen sein.

Die Oberseite über Kreuz mehrmals mit einem Messer einritzen (das symbolisiert das Fell des Hasen), mit etwas Speiseöl bepinseln und in eine ofenfeste Pfanne legen, die mit dem restlichen Öl gefettet wurde. Das Bratgemüse, bestehend aus der restlichen Zwiebel, der Möhre und dem Sellerie, grob würfeln und rund um den Hackbraten in die Pfanne geben. Die ebenfalls grob gewürfelte Tomate dazwischen verteilen, Thymianzweig zugeben.

Pfanne in den auf **150 °C** vorgeheizten Ofen stellen und alles etwa **20 bis 25 Minuten** braten. Danach Brühe angießen und unter Zugabe des Lorbeerblatts weitere **25 bis 30 Minuten** garen.

Braten aus der Pfanne nehmen und warm stellen. Saucenansatz durch ein Sieb passieren, mit Küchensahne erhitzen, mit dem Bindemittel leicht binden und abschmecken. Den Falschen Hasen in nicht zu dünne Scheiben schneiden, gefällig anrichten (das gekochte Ei sollte gut zu sehen sein) und etwas Sauce angießen.

Dazu passen allerlei Frühlingsgemüse, aber auch Rotkohl, Kartoffelpüree oder Petersilienkartoffeln.

Übrigens ist der Falsche Hase auch kalt aufgeschnitten eine echte Köstlichkeit – nicht nur zu Ostern!

Landläufig weiß man, dass der *Hundekuchen* keinen *Hund* enthält und die *Teewurst* keinen *Tee*. Es gibt aber Leute, die wissen das vielleicht nicht – aber die glauben dann sicher auch daran, dass *Zitronenfalter Zitronen falten*.

Jägerschnitzel – die ostdeutsche Variante

Was ist aber nun im *Jägerschnitzel* drin? Etwa ein *Jäger*?

Dass es heute noch in Ost und West zweierlei *Jägerschnitzel* gibt, hat nichts mit der Inkompetenz der ehemaligen DDR-Köche zu tun, sondern eher mit deren Kompetenz oder, besser gesagt, Kreativität: Zutatenmangel ist eben immer auch der Nährboden für Einfallsreichtum, der mitunter seltsame Blüten treibt. Schnitzelfleisch war einst Mangelware, dagegen war Brühwurst, hergestellt überwiegend vom Zuschnitt des Edelfleisches, aber auch unter Verwendung von z.B. Schweinebauch, schon eher zu bekommen. Also wurde Jagdwurst in fingerdicke Scheiben geschnitten, wie ein Schnitzel in Semmelmehl paniert und in der Pfanne knusprig als *Jägerschnitzel* gebraten. So hatte der Name *Jägerschnitzel* einen Bezug zur Zutat.

Dazu gehören eigentlich fast immer die Klassiker Tomatensauce und Spirelli-Nudeln – beide Zutaten zählten nicht zur Mangelware und werden heute immer noch gern gegessen. Auf diese Weise entwickelte sich also in *Deutschland-Ost* das Jägerschnitzel zum äußerst beliebten Gericht, insbesondere in der Kantinen-, Arbeiter- und Schülerversorgung. Die staatlich subventionierten Essen kosteten viele Jahre in zwei Preisgruppen 80 Pfennige oder 1,15 Mark der DDR, wenn der Wareneinsatz etwas anspruchsvoller war. Trotz staatlicher Stützung war aber die Kalkulation des Wochen-Speiseplanes für die Küchenleiter bei der knappen Zu-taten-Versorgung oft ein „Kraftakt mit mehreren Unbekannten".

Doch nun zur zweiten Variante des *Jägerschnitzels*, die hauptsächlich in *Deutschland-West* zubereitet wurde: Hier versteht man darunter ein paniertes Schweineschnitzel, das mit einer sogenannten Jägersauce aus Pilzrahm auf den Tisch kommt. Eine besonders hochwertige Variante des Jägerschnitzels wird mit einem unpanierten Kalbsschnitzel und einer Pilzrahmsauce aus Pfifferlingen und Morcheln hergestellt. Kein Wunder also, wenn noch heute mitunter Missverständnisse zum Thema *Jägerschnitzel* in deutschen Gaststätten auftreten. Es ist also durchaus ratsam, vor der Bestellung mit dem Kellner kurz über die Zubereitung zu sprechen, wenn die Formulierung auf der Karte dies nicht eindeutig verrät.

600 g Jagdwurst

etwas Weizenmehl

1 Ei

150 g Semmelmehl

80 ml Speiseöl oder
80 g Butterschmalz

500 g Spirelli oder Spaghetti

für eine schnelle Tomatensauce:

1 mittelgroße Zwiebel

1 EL Olivenöl

1 kleine Knoblauchzehe

1 EL Tomatenmark

6 – 8 Partytomaten

250 g passierte Tomaten

Pfeffer, Salz

nach Geschmack Thymian und
Basilikum, frisch oder getrocknet

Die in feine Würfel geschnittene Zwiebel im erhitzten Olivenöl glasig dünsten, den zerriebenen Knoblauch und das Tomatenmark zugeben und alles zusammen kurz durchschwitzen. Nun die in Stücke geschnittenen Partytomaten und die passierten Tomaten zugeben und alles zusammen kurz aufkochen. Mit Pfeffer, Salz, fein geschnittenem Thymian und Basilikum abschmecken.

Jagdwurst pellen und in 8 Scheiben schneiden, jede ca. 1 cm dick. Die Jagdwurstscheiben rundum in Mehl wenden und durch das mit etwas Wasser verquirlte Ei ziehen. Anschließend die Scheiben im Semmelmehl panieren und die Panade gut festdrücken. Speiseöl oder Butterschmalz in der Pfanne erhitzen, die panierten Jagdwurstscheiben von beiden Seiten knusprig goldbraun braten.
Nudeln nach Kochanleitung im Salzwasser garen, abgießen und möglichst sofort auf 4 tiefen Tellern anrichten. Auf jeden Teller obenauf je zwei gebratene Wurstscheiben legen, die mit heißer Tomatensauce ansauciert werden.

Bei einem Kochevent im Thüringischen Oberdorla erzählten mir ansässige Landfrauen folgende Geschichte: Das einst wohl kleinste Land im Heiligen Römischen Reich entstand durch den Sieg der benachbarten Mainzer, Hessen und Sachsen über die Treffurter Raubritter im Jahr 1333. Für die drei Dörfer Niederdorla, Oberdorla und Langula wurde von den Siegern je ein Vogt zum Regieren eingesetzt. Noch heute werden die Ortschaften nur selten einzeln benannt – man spricht von der *Vogtei* und die zusammen reichlich 6 000 Seelen der drei Dörfer sind die *Vogteier*.

Die Vogtei war sehr landwirtschaftlich geprägt (das ist sie bis heute); man lebte im Wesentlichen davon, was angebaut und gezüchtet wurde. Charakteristisch für die Region waren neben dem Obst- und Gemüseanbau die Schafzucht und

Vogteier Kartoffelgeschmink

später auch der Kartoffelanbau. Während man über die Woche sehr bescheiden kochte, sollte am Sonntag schon ein gutes Bratenstück aufgetragen werden. Doch da war am Sonntagvormittag der Kirchgang, der früher gern um die zwei Stunden dauerte. Um danach dann pünktlich essen zu können, wurde ein noch heute beliebtes Sonntagsessen kreiert, das zu Hause vorbereitet, vor dem Kirchgang im ansässigen Backhaus abgegeben und danach fertig gegart abgeholt wurde: das *Kartoffelgeschmink*, das nicht nur mit *Kartoffeln*, sondern auch viel mit Fleisch zu tun hat. Sonntags leistete man sich das gerne mal!

Vorwiegend Hammel-, aber auch Schweinefleisch wird in Salzwasser mit Knoblauch, Zwiebel und Lorbeerblatt vorgegart und danach mit Birnenschnitzen und geviertelten Kartoffeln kräftig gewürzt in einen Bräter geschichtet. Im Backofen gart man es zuerst mit geschlossenem Deckel, später ohne

Deckel, damit es noch ein bisschen Farbe bekommt.

Früher schmeckte durch die gleichmäßige, aber relativ geringe Temperatur des großen Backofens im Backhaus das Ganze noch besser. Auf dem Rückweg von der Kirche nach Hause holte man sich den Bräter ab, den man – zu Hause angekommen – gleich in die Mitte des Tisches stellen konnte.

Noch heute schätzt man diese einfache Spezialität in der Vogtei und den umliegenden Ortschaften oder auch in der nahen Stadt Mühlhausen. Das *Kartoffelgeschmink* wurde sogar mit einem eigens komponierten Lied gewürdigt.

Interessanterweise ist mir aus meinen Weimarer Berufsjahren ein ähnliches Rezept der Stadt Apolda bekannt. Man nennt das Gericht dort *Backhauskartoffeln* oder *Birnenpfanne*. Bereits in mein allererstes Kochbüchlein habe ich eine Variation der *Apoldaer Birnenpfanne* aufgenommen. Denn regionale Küche kann schon ganz schön lecker sein!

für 6 bis 8 Portionen

2 kg Schafkeule ohne Knochen

2 – 3 Lorbeerblätter

3 – 4 Zehen Knoblauch

6 mittelgroße Zwiebeln

2 kg Birnen (reif, aber noch fest)

4 kg Kartoffeln
(vorw. festkochend)

1 EL Kümmel

Salz

In einem großen Topf reichlich 1 Liter Salzwasser zum Kochen bringen. 1 Knoblauchzehe zerdrücken, 1 Zwiebel schälen und nur grob zerteilen. Das Fleisch mit den Lorbeerblättern, Knoblauchzehe und Zwiebel etwa **1 Stunde** kochen. Kochwasser aufheben.

Birnen schälen, vierteln und vom Kerngehäuse befreien. Kartoffeln ebenfalls schälen und vierteln, die restlichen Zwiebeln sowie die restlichen Knoblauchzehen schälen und in kleine Keile schneiden. Fleisch nach Ende der Garzeit aus dem Topf nehmen und in einen großen Bräter legen. Um das Bratenstück herum abwechselnd Birnen und Kartoffeln einschichten. Lagenweise mit Kümmel, Salz, Zwiebeln und Knoblauchkeilen (Menge nach Geschmack) würzen. Den Abschluss sollte eine Schicht Kartoffeln bilden.

1 Liter vom abgeseihten Kochsud dazugießen und das Ganze mit dem Deckel des Bräters verschließen. In den auf **180 °C** vorgeheizten Ofen schieben und nach etwa **1 1/2 Stunden** Garzeit den Deckel abnehmen und bei gleicher Temperatur noch etwa **45 Minuten** weitergaren. Wenn das Fleisch und die Kartoffeln eine schöne hellbraune Farbe haben, ist das Geschmink fertig.

Fleisch in dicke Scheiben schneiden und auf dem Teller mit dem Kartoffel-Birnen-Gemisch anrichten.

Tipp

Am besten reichlich kochen, damit überhaupt etwas übrig bleibt – denn am nächsten Tag schmeckt es, gut durchgezogen, besonders lecker!
Man kann statt Schaf- auch Lammkeule verarbeiten; dann verringern sich die Garzeiten um ca. ein Drittel.

Leberpfanne mit Salbei und Champignons

Einmal sah ich mir wieder die Speise- und Menükarten aus meiner Lehrzeit an und stellte fest, dass Ende der 1960er Jahre in der DDR leckere Gerichte mit Innereien recht häufig im Angebot waren. Heute scheint eine Vielzahl davon in Vergessenheit geraten zu sein – völlig zu Unrecht! Sie sind nicht nur preisgünstig, sondern haben auch eine große Tradition und werden bis heute z. B. in der *Haute Cuisine* unserer französischen Nachbarn geschätzt.

Für die kalorienbewussten Esser sind sie eine gute Alternative zum Fleisch – und bemerkenswert ist auch der Nährwert, insbesondere der Gehalt an Vitaminen, Eisen und Eiweiß.

Die Leber hat nun einen besonders hohen Stellenwert wegen ihres Wohlgeschmacks. Wildleber ist hier das beste Beispiel: Im Handel ist sie eine Rarität, denn in der Regel lässt

In meinem Lehrobjekt „Schlosshotel Reinhardsbrunn". Links der Koch Edgar Schrickel, der heute noch zu meinen besten Freunden zählt.

sich der Jäger diese Delikatesse nicht entgehen und behält sie für die eigene Familie.

Ähnlich verhält es sich mit der Gänseleber. Die umstrittene Stopfmastleber, die Tierschützer verbieten möchten, gehört heute zu den teuersten und begehrtesten Feinkostartikeln. Es muss aber gar nicht die Gänsestopfleber sein, auch Puten- oder Hähnchenleber lassen sich äußerst schmackhaft zubereiten. Die besonders milde und zarte Kalbsleber kann man übrigens auch gut grillen, wenn der Rost nicht zu heiß ist. Die dunkelrote und weniger zarte Rinderleber muss man unbedingt von der sie umgebenden festen Haut befreien. Dazu löst man am besten am Rand

ein kleines Stück ab und zieht dann vorsichtig mit leichtem Druck die gesamte Haut ab. Rinderleber wird vorwiegend für Leberklößchen als Suppeneinlage oder zu Leberknödeln verarbeitet. Die preiswerte Schweineleber ist poröser im Anschnitt, aber sie schmeckt gut und ist zart, wenn man sie richtig zubereitet.

Grundsätzlich sollte man Leber nicht zu heiß und nicht zu lange braten, sie wird dann schnell hart und trocken – und verliert zudem einen Großteil ihrer wertvollen Nährstoffe. Hier ein Rezept, das die Älteren im Osten bestimmt noch gut kennen und das man immer noch gerne isst (mich eingeschlossen) ...

Zutaten
600 g Kalbs- oder Schweineleber
50 g Weizenmehl
150 g Frühstücksspeck
2 Zweige Salbei
3 – 4 EL Speiseöl
1 mittelgroße Zwiebel
250 g Champignons
1/8 l Rotwein
150 g Crème fraîche
Paprika edelsüß
weißer Pfeffer, Salz

Leber reinigen und von eventuellen Sehnen befreien, in nicht zu dicke Streifen schneiden und diese in Mehl wenden. Frühstücksspeck in feine Würfel schneiden. Salbei abzupfen, die Zwiebel schälen und fein würfeln. Champignons putzen und in nicht zu feine Scheiben schneiden.

In einer Pfanne das Öl erhitzen und darin den Speck schwenken. Die Leber und nach gewünschter Geschmacksintensität auch die gewaschenen Salbeiblättchen zugeben. Alles **2 bis 3 Minuten** unter Wenden braten. Zwiebelwürfel sowie Champignons zugeben und weitere **2 bis 3 Minuten** braten.

Rotwein zugießen und alles zugedeckt auf kleiner Flamme etwa **5 Minuten** schmoren lassen. Zum Schluss die Crème fraîche unterziehen und alles mit Salz, Pfeffer und edelsüßem Paprika würzen. Dazu passen besonders gut Kartoffelpüree oder Reis.

Tipp

Gebratene Leber wird saftiger, wenn man sie vor dem Braten in Mehl wendet, denn so schließen sich die Poren besser.
Ganz wichtig: Niemals vorher salzen, denn so wird der Leber der Saft entzogen. Grundsätzlich erst nach dem Braten salzen.
Beim Einkauf von Leber auf Frische achten!

Mit dem Beginn der Herbstmonate ist auch Wild wieder stärker gefragt – denn jetzt kann man das Fleisch frisch erwerben, was trotz heutiger moderner Tiefkühltechnik immer

Wildschweinsauerbraten

noch einen Qualitätsvorteil darstellt. Durch die weitgehend stressfreie Lebensweise unseres Wildes in freier Natur übertrifft die Wertigkeit des Wildfleischs meist die des Schlachtfleischs.

Hier möchte ich vor allem eine Lanze für das Wildschweinfleisch brechen, denn dieses ist oft mit negativen Vorurteilen belegt. Das resultiert vermutlich auch aus den immensen Schäden, die Wildschweine in landwirtschaftlichen Kulturen anrichten können. So werden Wildschweine nicht selten als Schädlinge eingestuft und gnadenlos gejagt.

Schwarzwild, wie die Wildschweine auch genannt werden, gibt es schon seit knapp 2 Millionen Jahren und

ist demzufolge auch bereits seit Urzeiten Jagdwild für die Menschen. Wildschweinfleisch ist von dunkelroter Farbe sowie außerordentlich aromatisch und saftig. Manche mögen das besonders zarte Fleisch von *Frischlingen*, wie die Tiere im ersten Lebensjahr genannt werden. Im zweiten Lebensjahr heißen die Jungtiere *Überläufer*. Das weibliche Tier ist die *Bache* und das männliche der *Keiler* – wie jeder andere Thüringer Junge habe ich das bereits im Kindesalter gelernt ...

Recht helles Wildschweinfleisch stammt meist aus Südeuropa oder sogar Australien und Neuseeland. Hier handelt es sich in der Regel um das Fleisch verwilderter schwarzborstiger Hausschweine, dessen Aroma bei weitem nicht mit unse-

rem Wildschweinfleisch vergleichbar ist.

Da heute das Wildfleisch den berühmten *Hautgout*-Geruch (in der Küchensprache für süßen, strengen und intensiven Geruch) nicht mehr besitzt, entfällt das mehrtägige Beizen. Wenn überhaupt, empfehle ich das Einlegen für ein bis drei Tage in Rotweinbeize, Gewürz-Kräuter-Öl oder Buttermilch. Auch zum Spicken gibt es neue Erkenntnisse: Eingebrachte Speckstreifen machen das Fleisch nicht saftiger, wenn man es zu lange und zu kräftig brät. Langsames Garen nach kurzem Anbraten bei hoher Temperatur garantiert dagegen einen köstlichen Wildbraten.

Hier eines meiner Lieblingsrezepte mit Wildschwein – perfekt für den Herbst, und natürlich empfehle ich als Thüringer die Original Thüringer Klöße dazu!

Tipp

Beim Kauf von Wildfleisch sollte man die Druckprobe durchführen: Das Fleisch darf sich nicht tief eindrücken lassen. Finger weg, wenn das Wildstück schmierig, grau oder stumpf ist.
Der Geruch von qualitativ hochwertigem Wildschweinfleisch ist leicht nussig oder ganz neutral. Wo Sie gutes Wildfleisch kaufen können, verrät das Internet: z. B. www.deutschewildtierstiftung.de

für die Sauerbratenmarinade:

1 Bund Suppengrün, gewürfelt

Salz

3 Gewürznelken

1 EL zerstoßene Wacholderbeeren

3 – 4 Lorbeerblätter

2 Zweige Rosmarin

2 Zweige Thymian

1/2 l Rotwein

50 ml Balsamicoessig

für den Braten:

ca. 800 g Wildschweinkeule ohne Knochen

Salz, Pfeffer

4 EL Speiseöl

1 EL Tomatenmark

3 EL Preiselbeeren

1 EL Weizenmehl

1 EL Speisestärke

4 cl Weinbrand

Suppengrün grob zerkleinern. Etwa 1 Liter Wasser mit etwas Salz zum Kochen bringen, Suppengrün und Gewürze zugeben und etwa **20 Minuten** auf kleiner Flamme köcheln lassen. Erst am Schluss die Kräuterzweige zugeben. Abkühlen lassen und mit Rotwein sowie Essig auffüllen. Die vorbereiteten Fleischstücke (man erhält beim Händler des Vertrauens entsprechende Zuschnitte von 200 bis 250 g pro Person) in die Marinade legen, abdecken und an kühlem Ort mindestens **3 Tage** marinieren.

Die Stücke aus der Marinade nehmen, Gemüse abseihen, Fond aufheben. Fleisch mit Küchenkrepp trocken tupfen und kräftig mit einem Pfeffer-Salz-Gemisch würzen. Speiseöl in einem Bräter erhitzen, das Fleisch darin rundum gut anbraten. Das abgeseihte Gemüse aus der Marinade zugeben und mitbraten. Tomatenmark im Bratensatz verteilen und gut anrösten. Danach den Sauerbratenfond komplett angießen und den Bräter abdecken.

Den Wildschweinsauerbraten ca. **90 bis 120 Minuten** im Backofen bei **180 °C** schmoren. Ist das Fleisch gar, aus dem Bratensatz nehmen und warm stellen. Nun die Preiselbeeren in den Ansatz geben und die Sauce nach Wunsch mit dem in etwas Wasser angerührten Mehl und der Speisestärke binden. Das Ganze gut durchkochen, die Sauce durch ein Sieb streichen und mit einem Gläschen Weinbrand sowie nochmals mit Salz und Pfeffer abschmecken.

Vor dem Servieren die Bratenstücke in gleichmäßige, nicht zu dünne Scheiben schneiden und mit der Sauce übergießen. Dazu passen natürlich Thüringer Klöße, aber auch Kartoffeln oder eine Beilage wie Rotkohl, Rosenkohl, Pilze oder Gemüse nach Wahl.

Osterlammkeule, im Heu gegart

In den Jahren unmittelbar nach der deutschen Wiedervereinigung besuchte viel internationale Prominenz die Klassikerstadt Weimar. Am 16. März 1994 durften mein Team und ich im *Gasthaus zum Weißen Schwan* für die dänische Königin Margrethe und Prinzgemahl Henrik kochen.

Wie schon zuvor das japanische Kaiserpaar (siehe S. 16) kehrten auch die dänischen Gäste zur Mittagszeit im Gasthaus ein. Da das Osterfest unmittelbar bevorstand, sollte die Speisenfolge etwas österlich ausfallen, und so schlugen wir eine nach skandinavischem Rezept gebeizte Lachsforelle aus unserer heimischen Zucht für die Vorspeise vor. Mit der rot-weißen Tomatensuppe versuchten wir, den dänischen Landesfarben zu huldigen, und das im Heu gegarte Osterlamm bildete so etwas wie den Höhepunkt. Mit den legendären Grieß-

flammeri des Geheimrates Goethe und den kleinen Windbeuteln mit Rhabarberfüllung gab es dann noch einen süßen Abschluss.

Das in Heu gegarte Osterlamm ist zwar eine ausgefallene, aber wahrhaft leckere Zubereitungsart des Traditionsgerichts. Zunächst haderten wir ein wenig damit, wenngleich wir vom geschmacklichen Ergebnis von Anfang an überzeugt waren: Es blieb das kleine Imageproblem vom Heu als Tierfutter. Wer jedoch den „irren Duft von frischem Heu" wirklich kennt, hat auch keine Vorbehalte. Man muss nur wissen, woher das Heu stammt und sollte unbelastetes Heu in bester Qualität verwenden. Auf den Thüringer Bergwiesen gedeihen eine Vielzahl von Heilkräutern, die wie auch die Gräser im getrockneten Zustand ein interessantes Potpourri an Aromen abgeben, die mit dem Lammfleisch wunderbar harmonisieren.

Die Zubereitung von *Heubraten* ist dabei keine Erfindung aus unseren Tagen, sondern ein Rezept aus wirklich grauer Vorzeit, das vor dem Vergessen bewahrt werden sollte. Die rundum und mit Bratgemüse klassisch angebratenen, mild

gewürzten Lammkeulen legten wir in Pfannen, die vorher dick mit Heu ausgekleidet wurden. Ebenfalls mit Heu und mit dem Pfannendeckel bedeckt, ließen wir das zarte Fleisch noch zweieinhalb Stunden fertig garen. In dieser Zeit können die Heuaromen sehr gut vom Fleisch aufgenommen werden. Die Sauce aus dem Bratensatz unter Zugabe von Lammfond und einem guten Rotwein ist das Sahnehäubchen!

Auf kräftig schmeckende Zutaten wie Knoblauch oder Rosmarin sollte man bei dieser Zubereitung verzichten, um die köstlichen Heuaromen nicht zu überdecken. Die dänische Königin bekam zum Lammbraten zarte Prinzessbohnen im Mantel aus Frühstücksspeck sowie in Butterschmalz gebratene Scheiben vom Thüringer Kloß.

Als kleinen Gag legten wir ein Bündchen von in sich verschlungenen Grashalmen zur Dekoration an den Tellerrand, das so den unverwechselbaren Geschmack noch zusätzlich erklären sollte. Auch in diesem Fall ernteten wir königlichen Beifall.

für 4 bis 6 Portionen:

1 Lammkeule ohne Knochen (ca. 1 kg)

bunter Pfeffer

grobes Meersalz

3 EL Speiseöl

250 g Bratgemüse: wie Möhren, Sellerie, Pastinake etc.

2 Handvoll Bergheu, möglichst mit allerlei Wiesenkräutern

100 ml Burgunder Rotwein

250 ml Lammfond

1 TL gezupfte Thymianblättchen

Johannisbrotkernmehl

für die Marinade:

je 1 gehäufter TL frischer, gezupfter Majoran und Thymian

1 EL Olivenöl

Abrieb von 1 Bio-Zitrone

4 cl Weinbrand oder Cognac

Am Vortag Lammkeule unter fließendem Wasser säubern und gut trocken tupfen. Für die Marinade Thymian und Majoran fein wiegen und mit dem Olivenöl, geriebener Schale von 1 Bio-Zitrone sowie Weinbrand oder Cognac gut verrühren. Die Lammkeule mit der Kräutermarinade gut einreiben und mit dem grob gestoßenen bunten Pfeffer innen und außen würzen. In Klarsichtfolie eingepackt und in einem passenden Gefäß fest verschlossen im Kühlschrank **1 Tag** marinieren lassen.

Am nächsten Tag die Lammkeule nach dem Auspacken mit grobem Meersalz würzen und in einer Pfanne auf dem Herd von allen Seiten in etwas Speiseöl unter Zugabe des Bratgemüses anbraten. Einen passenden Bräter mit Heu auslegen, das mit etwas Wasser befeuchtet wird. Darauf die angebratene Keule legen und wiederum mit angefeuchtetem Heu bedecken. Den Bräter mit einem Deckel verschließen und etwa **2 1/2 Stunden** in dem auf **120 °C** vorgeheizten Ofen langsam garen. Die Garzeit hängt natürlich von der Größe der Keule ab und muss überprüft werden; das geht sehr gut mit einem Kerntemperaturfühler (**80 °C** einstellen). Der Bratensatz mit dem Bratgemüse wird indes mehrfach mit etwas Rotwein abgelöscht und so vom Pfannenboden gelöst. Den Lammfond und die gezupften Thymianblättchen zugeben sowie mit Salz und Pfeffer abschmecken. Eventuell durch Zugabe von etwas Johannisbrotkernmehl leicht binden und zum Schluss passieren.

Den Lammbraten in nicht zu dünne Scheiben schneiden und mit etwas Sauce servieren. Die restliche Sauce reiche ich immer in einer Sauciere extra dazu.

Dazu passen kleine Kräuter-Kartoffel-Taler oder gebratene Scheiben vom Thüringer Kloß.

Was in der Bundesrepublik der unvergessene Tierexperte und Frankfurter Zoodirektor Bernhard Grzimek war, das war in der ehemaligen DDR der Berliner Tierparkdirektor Heinrich Dathe. Wie ich

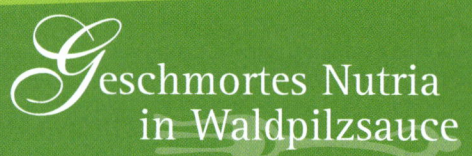

Geschmortes Nutria in Waldpilzsauce

als Koch und Küchenchef ausgerechnet in dessen Büro landete, soll die folgende Geschichte erzählen. Diese beginnt – wie viele andere Geschichten – damit, dass man als Koch nie alle Zutaten bekam. Besonders ärgerlich war es, wenn durch vorgegebene Verbrauchsmengen wieder mal nicht genügend Fleisch geliefert werden konnte. Auch das Gemüseangebot war nämlich nicht sehr üppig, und so stellt sich heute mitunter die Frage, wie dennoch immer wieder in der Gastronomie das Angebot aufrechterhalten werden konnte.

Nun hatte ich, es muss um 1980 gewesen sein, in einem auf Umwegen aus dem Westen „besorgten" Food-magazin gelesen, dass in Italien ein Exotenrestaurant eröffnet wurde. So kam ich auf die damals sicher recht ausgefallene Idee, die Limitierung beim Wildfleisch durch den Bezug von Wild aus dem Tierpark Berlin für unsere erwartungsvollen Gäste in unserem Spezialitätenrestaurant aufzubessern. Mit Zustimmungen meines Vorgesetzten und des Hoteldirektors im Gepäck, meldete ich mich zu einem Gespräch beim Tierparkdirektor Professor Dathe an. Dieser hatte vermutlich mit meinem gewagten Ansinnen überhaupt nicht gerechnet und belehrte mich entsetzt, aber trotzdem freundlich: Die Tiere des Parks seien zum Anschauen da und nicht zum Schlachten. Außerdem solle ich mal an die Arterhaltung denken – undsoweiter. Im Grunde erklärte er mir den Sinn eines Zoos.

Enttäuscht, aber auch ein wenig reumütig verließ ich sein Büro. Am nächsten Tag schrieb ich einen kurzen Brief an den Professor, in dem ich mich für mein Ansinnen entschuldigte.

Kurze Zeit später erhielt ich einen Antwortbrief. Ich dachte schon, jetzt werde ich noch einmal ermahnt – aber nein: Man hatte im Tierpark auch noch einmal nachgedacht und schlug mir vor, dass vom Gesetzgeber zur menschlichen Ernährung zugelassene Tiere, die aus verschiedenen Gründen ohnehin getötet werden müssen, in Zukunft verkauft werden. Aus dem Erlös könnte man wiederum wesentlich mehr Fleisch zur Fütterung erwerben – und alle Seiten sollten glücklich werden.

Für unsere Gäste blieben es natürlich sensationelle Ausnahme-Angebote. Auch Nutria konnten wir mehrfach auf die Karte schreiben. In der DDR war die Nutriazucht sehr verbreitet – mit bis zu 200 000 Farmtieren. Nach der Wende unrentabel geworden, wurden die Bestände oft einfach freigelassen. Heute kann man Nutriafleisch problemlos zumeist über Wildfleischhändler bekommen. Lassen Sie sich dieses kulinarische Highlight nicht entgehen – es schmeckt wahrhaft köstlich! Adressen von Händlern finden Sie im Internet.

2 kg Nutria-Keule und -Läufe
200 g frische geputzte Waldpilze (oder TK)
80 g feine Zwiebelwürfel
30 g Butterschmalz
1/2 l trockener Weißwein
150 g Crème fraîche
2 EL scharfer gekörnter Senf
Salz, Pfeffer
nach Geschmack einige Zweige Thymian und Kerbel

Die gesäuberten Nutriateile von Fett und Sehnen befreien. Nun die Teile pfeffern und salzen sowie mit Senf bestreichen. Im erhitzten Butterschmalz die Fleischteile rundum goldbraun anbraten. Die Zwiebelwürfel im Bratensatz glasig schwitzen und die in Stücke geschnittenen Pilze zugeben. Die Pilze ebenfalls mit Salz und Pfeffer würzen und etwa **4 bis 5 Minuten** anbraten. Nun den Wein und die Kräuter zugeben und mit einem Deckel den Bräter verschließen. Je nach Größe der Fleischstücke und Alter der Tiere etwa **60 bis 90 Minuten** im vorgeheizten Backofen bei **160 °C** schmoren. Kurz vor dem Servieren die Pilzsauce mit der Crème fraîche binden und gut verrühren. Jetzt sollte die Sauce nicht mehr kochen. Zu diesem Bratengericht passen die verschiedensten Kartoffelklöße, aber auch Salzkartoffeln oder Semmelknödel.

In Landschaftsschutzgebieten, wie hier in Hermannstal, sind auch Nutrias wieder heimisch geworden.

Stufato – ein Lieblingsgericht von Johann Wolfgang von Goethe

Wenn man mehrere Jahre in Weimar, quasi in der „Nachbarschaft Goethes", als Koch tätig war, ist es nur logisch, dass man sich auch mit den Ess- und Trinkgewohnheiten des „Meisters" beschäftigt hat. Alle Welt weiß, dass er ein großer Weinliebhaber war. Der Rebensaft soll ihn von seiner Geburt bis zu seinem Tod begleitet haben. In der Tat, seit seiner Geburt: So wird berichtet, dass er am 28. August 1749 mangels Blutzirkulation ohne spürbares Lebenszeichen auf die Welt gekommen sein soll. Man habe, so heißt es weiter, den neuen Erdenbürger in einen mit angewärmtem Wein gefüllten kleinen Holztrog getaucht, worauf er munter wurde ... Wurde so gleichzeitig dem Dichterfürsten die Vorliebe für Wein in die Wiege gelegt? Diese Geschichte erzählte mir Dr. Werner Bockholt, ein Goethe-Kenner, mit dem ich später zusammen das *Johann Wolfgang von Goethe-Kochbuch* schrieb.

Goethes Mutter hatte übrigens die Schlüsselgewalt für den Weinkeller und sorgte sich akribisch um die Pflege der wohl beachtlichen Weinvorräte. Der kleine Johann Wolfgang lernte so schon von Kindesbeinen an, mit dem köstlichen Nass verantwortungsvoll umzugehen. Später entdeckte er *productiv machende Kräfte* im Wein, die allerdings bekanntermaßen nur bei wohldosiertem Genuss wirksam werden. Vom positiven Einfluss auf die Gesundheit war er zeitlebens überzeugt und erreichte auch ein für die damalige Zeit hohes Alter von fast 83 Jahren. Zum Frühstück ließ er sich bereits oft ein Gläschen Madeira schmecken, zu den weiteren Mahlzeiten wurden Rot- oder Weißwein getrunken. Dazu gehörten Burgunderweine, Weine aus der Eifel, aus dem Rheingau, von der Mosel und Wein aus der hoch gelobten Lage *Würzburger Stein*. Da über die Entnahme aus dem Keller sorgsam Buch geführt wurde, weiß man, dass Goethe eher leichtere Weine bevorzugte.

Goethes Weingeschichten sind schier unendlich, und so entstand im Frühling des Jahres 1990 – natürlich bei einem Gläschen Wein – im *Gasthaus zum Weißen Schwan* eine wunderbare Idee: ein Weinfest zum Goethe-Geburtstag, das noch heute jedes Jahr um den 28. August in Weimar ausgerichtet wird. Von seinen Italien-Reisen hat Goethe ein Rezept mitgebracht, das später eines seiner Lieblingsgerichte werden sollte – und natürlich mit Wein zubereitet wird.

800 g Rinderschmorfleisch *(aus der Keule oder dicke End-stücke vom Ochsenschwanz)*
Pfeffer
1 EL edelsüßes Paprikapulver
50 ml Olivenöl
2 Knoblauchzehen (nach Belieben auch mehr)
100 g durchwachsener Speck
1 EL Speiseöl (z. B. Rapsöl)
100 g Schalotten
2 EL Tomatenmark
1/2 l kräftige Rinderbrühe
100 g Möhren
100 g Sellerieknolle
100 g Petersilienwurzel
150 g Kartoffeln (vorw. festkochend)
1/2 l kräftiger Rotwein
1/4 l Madeira-Wein
ggf. Stärkemehl oder Johannisbrotkernmehl
Salz

Goethes Gartenhaus
im Park an der Ilm, Weimar

Das Fleisch in etwas größere Gulaschwürfel bzw. den Ochsenschwanz in den Gliedern in Stücke schneiden, pfeffern und mit dem edelsüßen Paprikapulver bestreuen. Knoblauchzehen fein hacken, mit dem Olivenöl mischen und die Fleischstücke darin **einige Stunden** im Kühlschrank marinieren lassen.

Speck in Streifen schneiden, in etwas Speiseöl auslassen und darin das mit Salz gewürzte Fleisch rundum gut anbraten. Schalotten schälen und in kleine Keile schneiden. Tomatenmark und Schalotten zum Fleisch geben und mit rösten. Nach und nach mit der Brühe ablöschen und zugedeckt bei mäßiger Hitze (etwa **150 °C**) im vorgeheizten Ofen knapp **2 Stunden** schmoren.

Inzwischen das restliche Gemüse und die Kartoffeln putzen bzw. schälen und in kleine Stücke bzw. Scheiben, Kartoffeln in längere Stücke schneiden. Nach etwa **1 1/2 Stunden** Garzeit, kurz bevor das Fleisch weich ist, Gemüse und Kartoffeln zugeben, den Wein angießen und zugedeckt noch einmal **20 Minuten** garen. Sollte durch das Gemüse die Bindung nicht ausreichend sein, kann man mit ein wenig angerührtem Stärkemehl oder Johannisbrotkernmehl nachhelfen.

Dazu schmecken sowohl Polenta (Maisbrei) oder auch frisch gebackenes Bauernbrot, wie es wohl Goethe in Italien serviert bekam.

Mit Wildgeflügel tun sich die Thüringer in der Küche schwer, und insbesondere die Wachtel findet kaum (mehr) Beachtung auf dem häuslichen Speiseplan, aber auch selten in den Restaurants. Vielleicht

Gefüllte Wachteln

liegt es daran, dass man hierzulande lieber ein kerniges Stück Fleisch auf dem Teller hat und die Wachtel einfach nicht genug Fleisch liefert? Was auch immer der Grund ist – es ist schade, denn das kleinste aller Wildgeflügel ist für Feinschmecker eigentlich das Größte. Ihr arteigener, feiner Wildgeschmack und ihr außerordentlich zartes Fleisch machen die Wachteln zu einer ganz besonderen Delikatesse.

Obwohl es auch in unserer Heimat noch in freier Natur lebende Wachteln gibt, kommen heute ausschließlich Wachteln aus Zuchtbetrieben in den Handel. Die Zuchtwachtel, auch *Japanwachtel*

genannt, stammt ursprünglich von den nördlichen japanischen Inseln. Mit dem Beginn des 20. Jahrhunderts beschäftigte man sich auch in unseren Breiten mit der Wachtelzucht und insbesondere mit der Erhöhung der Legeleistung. Die nur 10 bis 12 Gramm leichten Wachteleier sind mit ihrer gesprenkelten Schale nicht nur eine optische Augenweide, sondern schmecken auch hervorragend. Seit dem frühen Mittelalter weiß man auch von ihrer gesundheitsfördernden Wirkung, und bis heute schätzt man Wachteleier in der alternativen Medizin wegen ihrer immunstärkenden Eigenschaften. Gekochte Wachteleier in der kalten Küche sind darüber hinaus einfach ein „Hingucker"; gebraten oder pochiert erinnern sie an Gullivers Besuch im *Zwergenland* ...

Doch zurück zu den „Erzeugern": Ab dem schon recht beachtlichen Gewicht von 300 Gramm spricht man von der *Mastwachtel*, die immerhin bis zu 500 Gramm wiegen kann. Übrigens kann man bei einer gut gebratenen Wachtel die meisten Knochen mitessen. Ich ziehe es

allerdings vor, die Wachtel vor dem Braten auszubeinen (vom Knochengerüst zu trennen). Das macht zwar etwas Mühe, aber mit einem kleinen, sehr scharfen Messer gelingt das vom Wachtelrücken her recht gut.

Das umgangssprachliche Wort *Spinatwachtel* für eine ältere, schrullige oder hagere Frau haben schon die Brüder Grimm aufgeschrieben – wobei *Spinat* hier vermutlich auf *spinnet* (im Sinne von *verrückt* oder einfach nur *spindeldürr*) zurückgehen kann. Im Schwäbischen scheint *Spinatwachtel* aber auch eine grundweg positive Bedeutung zu haben: Immerhin ist es der Name für ein Maultaschenrezept mit Spinat und Spiegelei – ohne Wachtel.

4 Mastwachteln
Salz, weißer Pfeffer
100 g Champignons
1 mittelgroße Zwiebel
80 g Butter
1/4 l Milch
1 altbackenes Brötchen
1 kl. Bund Basilikum
1 Ei
geriebene Muskatnuss
150 g Gehacktes halb und halb
2 EL Sahne

Die gewaschenen, küchenfertigen Wachteln mit Küchenkrepp trockentupfen und von innen mit einer Salz-Pfeffer-Mischung ausreiben.

Pilze putzen und nicht zu fein hacken. Zwiebel schälen und fein würfeln. Die Hälfte der Butter in einer Pfanne auslassen, Zwiebeln und Champignons darin gut anbraten. Das in Milch eingeweichte Brötchen ausdrücken und zerbröselt zu der Pilzmischung geben. Alles kurz schmoren, dann vom Feuer nehmen und etwas abkühlen lassen. Die gewaschenen und in feine Streifen geschnittenen Basilikumblätter sowie das geschlagene Ei zufügen. Mit geriebener Muskatnuss sowie Salz und Pfeffer würzen. Das Ganze zum Hackfleisch geben und gut einarbeiten. Abschmecken und mit Sahne verfeinern.

Mit dieser Masse die Wachteln füllen. Die Bauchöffnungen mit einem Zahnstocher verschließen und jede Wachtel in einen Bogen gebutterter Alufolie einhüllen. Bei **200 °C** ca. **25 Minuten** im Ofen garen, danach im ausgeschalteten Ofen noch **5 bis 10 Minuten** ruhen lassen.

Auf separatem Teller in der Folie servieren. Dazu passen z.B. frisches, gedämpftes Gemüse, mit etwas Butter verfeinert, sowie Salzkartoffeln.

In der Küche ist es manchmal ganz gut, sich mit Nelken zu beschäftigen, die nicht zu den Blumen zählen. Wenn ich auch über das Jahr eher selten in die Nelkendose in meinem Gewürzschrank greife, so stelle ich insbesondere in der Weihnachtszeit fest, dass der

heute Gewürznelken auch woanders angebaut werden, kommen die besten Gewürznelken immer noch von den Südost-Afrika vorgelagerten Inseln. Gewürznelken werden übrigens schon seit mehr als 2 500 Jahren zum Würzen von Speisen verwendet, und erst viel später gab man den uns bekannten Blumen den gleichen Namen. Schnell lernten die Menschen auch die gesundheitsfördernde Wirkung von Gewürznel-

1838 produzierten Sauce ein Geheimnis. Die Tochter des Buchhalters der Firma *Lea and Parrins*, der übrigens sogar ein Buch mit dem Titel *The Secret Sauce* (*Die geheime Sauce*) schrieb, stieß in seinem Nachlass auf zwei alte Hefte, in denen handschriftlich vermerkt ist, was die Sauce genau beinhaltet: Wasser, Salz, Zucker, Soja, Fisch, Essig, Essigsäure, Zitronenessenz, Paprika, Tamarinde, Essiggurken – und eben Nelken.

Geschmorte Hasenkeulen mit feiner Note von Gewürznelken

Vorrat schnell zur Neige geht. Das liegt nicht zuletzt daran, dass das unverwechselbare Nelkenaroma für Glühwein, Feuerzangenbowle, Weihnachtsgebäck, aber auch für andere weihnachtliche Köstlichkeiten gebraucht wird.

Die getrockneten, stark duftenden und scharf schmeckenden Blütenknospen des Gewürznelkenbaumes machen aus vielem Gebackenen und auch Gekochten erst etwas Unverwechselbares. Der Baum hat seine Heimat auf den Molukken, Sansibar und Madagaskar. Wenn

ken kennen: Noch heute ist z. B. das Kauen von Gewürznelken eines der wirkungsvollsten Hausmittel bei Zahnschmerzen. Die ätherischen Öle der Nelken wirken verdauungsfördernd, desinfizierend und regulieren den Wasserhaushalt unseres Körpers.

Nelken sind in einer Reihe von Gewürzmischungen wie z. B. dem Curry oder dem indischen Garam Masala enthalten, aber auch in der beliebten Worcestershiresauce. Über 170 Jahre lang blieb übrigens die Zusammensetzung der seit

bot verschwindet, da kein Mensch unter 30 hierzulande noch mit ihr kocht. Eigentlich schade. In Ostdeutschland zählte (und zählt sie noch) – mit Recht – zu den beliebtesten Würzsaucen. Da das Original in der DDR nicht zu bekommen war, hat man es recht erfolgreich (und genau) nachgeahmt: Die *Exzellent Worcester Sauce* war in der Tat ein *exzellentes* Plagiat. Wie der Sauce von *Lea and Perrins* wurden nämlich auch Nelken und Tamarinde beigegeben.

In meiner Küche gehört sie zu den immer noch gern genutzten Würzsaucen.

Es steht zu befürchten, dass die Sauce so langsam aus dem Ange-

3 mittelgroße Zwiebeln

1 Lorbeerblatt

6 Gewürznelken

1 Möhre

2 Knoblauchzehen

4 Hasenkeulen

1/2 l kräftiger Rotwein

8 Scheiben Frühstücksspeck

1 EL Speiseöl

0,2 l Wildfond

100 g Crème double

Salz, Pfeffer

Am Vortag beginnen. Auf einer Zwiebel das Lorbeerblatt mit den Gewürznelken feststecken. Möhre putzen und in Scheiben, die restlichen Zwiebeln schälen und in Würfel schneiden, Knoblauchzehen schälen und halbieren.

Die küchenfertigen Hasenkeulen in ein nicht zu großes Gefäß geben. Das Gemüse sowie die gespickte Zwiebel dazugeben und das Ganze mit Rotwein übergießen. Die Hasenkeulen sollten so **1 Tag** unter Kühlung marinieren.

Keulen aus der Gemüse-Marinade nehmen, trockentupfen und mit Salz und Pfeffer einreiben. Speck würfeln und in einer passenden Pfanne oder in einem Bräter mit etwas Speiseöl kurz anbraten. Die Hasenkeulen darin ebenfalls rundum gut anbraten. Dann die Marinade mit dem Gemüse zugeben. Das Ganze zugedeckt im Backofen bei **180 °C 60 bis 70 Minuten** schmoren lassen. Da die Garzeit vom Alter der Tiere abhängig ist, sollte man das Fleisch nach der angegebenen Zeit hin und wieder mit einer Stichprobe überprüfen. Lässt sich die Fleischgabel mühelos und ohne großen Widerstand einstechen, sind die Keulen gar.

Das Fleisch herausnehmen und warm stellen. Zum Bratensatz den Wildfond geben und das Ganze auf kleiner Flamme reduzieren. Danach alles durch ein Sieb gießen, mit Crème double binden, nochmals abschmecken und mit den Hasenkeulen auftragen. Auch hierzu schmeckt mir ein gut gewürztes, fruchtiges Rotkohlgemüse und als bekennender Kloßfan auch immer ein Kartoffelkloß – nach welchem Rezept auch immer, aber mit viel Liebe zubereitet ...

Desserts und Kuchen zum Wiederentdecken

Es war einmal ... So fangen viele Märchen an und dennoch ist meine Geschichte von der köstlichen, marinierten Weihnachtsorange kein Märchen. Es gab bei uns mal eine Zeit, in der nur solche Kochbücher zu kaufen waren, deren Zutaten auf dem schmalen Markt der Mangelwirtschaft zu haben waren. Der Altmeister der Fernsehküche Kurt Drummer könnte, würde er noch leben, nicht nur ein Lied davon singen. Wer in der Küche mehr erreichen wollte, musste oft schwer erreichbare „Westquellen" anzapfen. In dieser Zeit entstand bei mir eine Karteikartensammlung von Rezepten, die heute noch in meinem Arbeitszimmer ihren festen Platz hat. Mitte der 1970er Jahre gelang es

Meine marinierte Orange zur Weihnachtszeit

mir, ein Dessertrezept aus dem fernen China zu ergattern. Bereits beim ersten Lesen merkte ich, dass es eigentlich perfekt in unsere Weihnachtszeit passt. In China wird das Rezept saisonunabhängig zubereitet und gehört in die berühmte Kantonküche. Diese hat mehrere Gesichter: Zum einen ist sie geprägt von einer schier unerschöpflichen Zutatenvielfalt, zum anderen isst man aber auch Tiere, die bei uns in keinen Kochtopf wandern würden. Erst vor Kurzem konnte ich mich davon vor Ort überzeugen. Das südliche China gilt als Ursprungsgebiet der Orangen: Bereits vor etwa 4000 Jahren wuchsen in dieser Region Orangenbäume. Erst viel später, im 16. Jahrhundert, brachten portugiesische Seefahrer die Früchte ins südliche Europa, wo sie heute rund um das Mittelmeer kultiviert werden. Ihrer

Herkunft entsprechend nannte man die Früchte auch *Apfelsine: Apfel de Sina (Chinaapfel)*.

Doch zurück zu meiner Entdeckung. Das Rezept trug den Namen *Sing-tschy auf Kwangtschouer Art*. Die eigentümliche Schreibweise stachelte mich zu Recherchen an, die letztlich in die Region um die Stadt Guangzhou führten. Die Küche dieser Region ist besonders vielfältig und genießt auch in China den besten Ruf. Gewürze werden harmonisch und in für uns zum Teil spektakulären Kombinationen eingesetzt. In diesem Rezept sind es Sternanis, Zimt, Kardamom, Gewürznelken, aber auch Vanille und ganz viel köstlicher Honig. In dieser Kombination ist das für uns Mitteleuropäer Weihnachtsstimmung pur! Gern serviere ich die Weihnachtsorange in einem großen Glas unter einer Folienhaube, so dass beim Abnehmen der Haube ein wahrhaft betörender Duft verbreitet wird. Da kann man schon mal ins Schwärmen geraten ...

82

für 8 marinierte Orangen:

8 große Navelorangen

375 g Zucker

7 Kardamomkapseln

10 Gewürznelken

5 ganze Anissterne

1 kleine Zimtstange

1 Bourbon-Vanilleschote

Zesten (feine Streifen) von 2 Bio-Orangen und 1/2 Bio-Zitrone

250 g Honig

200 ml Cointreau oder Grand Marnier

Die Orangen mit einem sehr scharfen Messer so schälen, dass die dünne weiße Haut unter der Schale restlos entfernt ist und die Orange gleichmäßig rund bleibt. Die Achsen der geschälten Früchte etwa fingerdick herausschneiden. Früchte in ein gut verschließbares Gefäß legen (besonders gut eignen sich Steingutgefäße), das möglichst wenig Platz für den aufzugießenden Sud lässt.

1/2 Liter Wasser mit dem Zucker zum Kochen bringen und gegebenenfalls abschäumen. Die Gewürze zugeben und bei milder Hitze etwa **10 Minuten** köcheln lassen. Nun die in sehr feine schräge Streifen geschnittene Vanilleschote zugeben wie auch die Zesten von Orangen- und Zitronenschale. Sud auf ca. **50 °C** abkühlen lassen, dann den Honig hineinrühren, bis er sich gelöst hat. Zum Schluss in den abgekühlten Sud den Orangenlikör geben. Die völlig erkaltete Marinade über die Orangen gießen und mit einem umgedrehten Teller beschweren. Das Gefäß gut verschließen und **2 bis 3 Tage** gut gekühlt lagern. Danach können die Orangen serviert werden.

> *Tipp*
>
> Serviervorschlag: Ich schneide die Orangen vier Mal kreuzweise ein, aber nicht durch. Die Früchte blättern dann ähnlich einer Seerose auf. Nun setze ich die Früchte in passende Gläser und fülle mit etwas Sud auf. Gern können zur Dekoration auch einige Gewürze dabei sein. In die Mitte der aufblätternden Orangen setze ich ein Sahnehäubchen und bestreue es mit gehackten Pistazien.

Eine religiöse Betrachtung zur sogenannten *Götter*speise möchte ich gar nicht erst beginnen. Schließlich verbietet schon das erste der zehn Gebote den Glauben an mehrere Götter. Ich erinnere mich aber daran, was mir meine Großmutter

Götterspeise aus Saft von Früchten

einst über ihre Arbeit in einem kleinen Küchenteam einer Schulspeisung erzählte. Unter den Bedingungen der damaligen Zeit war das ein wahrhaft schwerer Job. Kinder sind bekanntlich knallharte Kritiker, und mit der zur Verfügung stehenden Warendecke und dem Budget in tiefster DDR-Zeit war es sehr schwer, bei den Kindern Begeisterung zu wecken. Mit Süßspeisen wie Götterspeise, auch *Wackelpudding* genannt, gelang das jedoch meist. Meine Großmutter nannte das Dessert auch *Zitterfinken* – den

Ursprung für diese Bezeichnung hatte ich dummerweise nie erfragt. Vielleicht hat sich auch der unvergessene Schauspieler Manfred Krug in den späten 1980er Jahren an seine Kindheit erinnert: Als Anwalt in der beliebten Fernsehserie *Liebling Kreuzberg* brachte er den Wackelpudding mit Waldmeistergeschmack zu ganz neuen Ehren, da dieser „die geistige Flexibilität" fördere.

Wenn man an etwas wirklich glaubt ...

Für die Maya war die *Speise der Götter* schlicht die köstliche (und sicher *göttlich* schmeckende) Schokolade. Das erklärt wiederum vielleicht, dass zum Beispiel die Westfälische oder auch Mecklenburger Götterspeise eine Art Schichtdessert mit Kakaopulver und Schokoladensplittern ist. In der Schweiz versteht man unter Götterspeise eine in Schichten mit süßen Zutaten eingelegte Speise: Durch Zwieback, Kompottfrüchte und nach Geschmack Cremesaucen

von Vanille, Schokolade oder Karamell entsteht eine nahrhafte und unwiderstehliche Versuchung.

Auch in den USA scheint man das Dessert zu lieben – im Bundesstaat Utah, wo besonders viele Mormonen leben, hat man 2011 die Götterspeise eines großen Lebensmittelherstellers sogar zum offiziellen Staatssnack gekürt. Das hätte sich in Deutschland im Jahr 1912 Herr Oetker sicher auch gewünscht, denn in diesem Jahr brachte er hierzulande das erste Geleepulver mit dem Namen *Götterspeise* auf den Markt. Die Bezeichnung konnte er nicht urheberrechtlich schützen, da sie bereits damals für allerlei Desserts verwendet wurde.

Auch wenn wir vermutlich nicht (wie die Götter in der griechischen Mythologie) Unsterblichkeit erlangen – ein Genuss, insbesondere an heißen Sommertagen, ist selbst gemachte *Götter*speise allemal.

1/2 l Weißwein oder Apfelsaft

1 kl. Bund Waldmeister

1 Zweig Minze

30 g Zucker

18 Blätter Gelatine oder
etwa 2 TL Agar-Agar

200 g frische Himbeeren oder
Erdbeeren

1/2 l Kirschsaft

evtl. 200 ml Vanillesauce

evtl. 40 g leicht gesüßte,
geschlagene Sahne

Weißwein oder Apfelsaft (für die alkoholfreie Variante) **am Vortag** mit einem Bund gesäubertem Waldmeister und einem Minzezweig ansetzen und in einem entsprechenden Gefäß, am besten mit Klarsichtfolie verschlossen, in den Kühlschrank stellen.

Am Tag der Zubereitung die Kräuter herausnehmen, das Ganze eventuell noch abseihen und mit dem Zucker erhitzen. 9 Blätter Gelatine in kaltem Wasser einweichen, ausdrücken und in der erhitzten Flüssigkeit unter Rühren auflösen. Abkühlen lassen.

Mit dem abgekühlten Weißwein- oder Apfelsaftfond 4 Gläser bis zur Hälfte füllen. Unter Beobachtung weiter abkühlen lassen. Wenn der Saft zu gelieren beginnt, die gesäuberten Himbeeren aufteilen und in die Gläser geben. Sie sollten durch das Gelieren nicht mehr auf den Glasboden fallen und nur im stockenden Saft einsinken.

Die Gläser in den Kühlschrank stellen und in der Zwischenzeit den Kirschsaft in gleicher Weise eindicken. Dazu die restlichen 9 Blätter Gelatine einweichen und ausgedrückt im erhitzten Kirschsaft auflösen. Abkühlen lassen. Den abgekühlten Saft kurz vor dem Gelieren auf das Waldmeister-Himbeergelee aufgießen und nochmals in den Kühlschrank zum Stocken stellen.

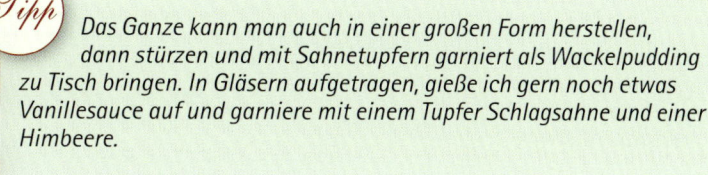

Tipp

Das Ganze kann man auch in einer großen Form herstellen, dann stürzen und mit Sahnetupfern garniert als Wackelpudding zu Tisch bringen. In Gläsern aufgetragen, gieße ich gern noch etwas Vanillesauce auf und garniere mit einem Tupfer Schlagsahne und einer Himbeere.

Wahrscheinlich ist in den Kindheitserinnerungen vieler Menschen die Küche der schönste Platz in Haus oder Wohnung. Auch mir geht das so. Selbst wenn durch eifriges Kochen und Backen viele Utensilien und Zutaten herumstanden oder der Raum durch den anfallenden Abwasch beinahe aus allen Nähten platzte, wollte man als Kind nur ungern weggeschickt werden. Eher bot ich mich dann zur Hilfe an.

Wenn man in der Geschichte weiter zurückgeht, war die Küche von jeher der zentrale Platz in jedem Haus – das Herzstück. Ihre Funktion ging beträchtlich über die Zubereitung von Speisen hinaus: Über Jahrhunderte war die Küche der einzige dauerhaft beheizte Raum, und schon allein deshalb sehnte man sich vor allem im Winter nach Küchen-Behaglichkeit. Hier unterhielt man sich oder las, die Kinder spielten in Anwesenheit der Erwachsenen und stellten so manches Abgeschaute in der Puppenküche nach. Ganz nebenbei wurde so auch Küchen- und Kochwissen weitervermittelt. Mitunter sang man sogar gemeinsam Küchenlieder.

Eine einschneidende Veränderung brachte dann leider der Massen-Wohnungsbau. Durch die Teilnahme der Frauen am Berufsleben sollte der Anteil an Haus- und Küchenarbeit drastisch verringert werden. Es begann das Zeitalter der ausgeklügelten Einbauküche mit geringstem Platzbedarf. Mehr als Funktionalität war aber von ihr nicht zu erwarten.

Nur gut, dass man sich heute wieder anderer Zeiten besinnt. Räumliche Großzügigkeit, Individualität und Wohnlichkeit sind gefragt, wenn man Küchen einrichtet. Die Küche wird zunehmend zum Dreh- und Angelpunkt des Familienlebens. Sie öffnet sich wieder zum Wohnen, sinnliche Qualitäten werden neu entdeckt. Dazu gehört auch die fortschreitende Begeisterung fürs Kochen in der ganzen Familie. Und der technische Fortschritt bietet oft bereits die Möglichkeiten einer Profiküche. So werden selbst „Küchen-Muffel" allein durch High-Tech zum Kochen angeregt. Für viele ist also die Küche wieder das warme Herz des Hauses. Wer aber trotzdem lieber die Zeit mit gemütlichem Beisammensein in der Küche als direkt am Herd verbringt, dem sei dieses leckere und sehr schnelle Rezept empfohlen.

Quarkauflauf mit Äpfeln

Rechtzeitig an ausreichend Nachwuchs in Küche und Restaurant denken ...

| 700 g Äpfel |
| 4 Eier |
| 150 g Zucker |
| 1 Pck. Vanillezucker |
| geriebene Schale von 1 Bio-Zitrone |
| 500 g Magerquark |
| 125 g Weichweizengrieß |
| 1 EL Zitronensaft |
| 1/2 Pck. Backpulver |
| 1 Prise Salz |
| etwas zerlassene Butter zum Fetten der Auflaufform |
| als Beigabe Vanillesauce |

Die Äpfel schälen, vierteln, entkernen und in dünne Spalten schneiden. Die Eier trennen. 4 Eigelb in einer Schüssel verquirlen, Zucker, Vanillezucker und die geriebene Zitronenschale zugeben und mit dem Schneebesen oder mit dem Rührgerät schaumig rühren. Dann den Quark, Grieß, nach Geschmack Zitronensaft und das Backpulver zugeben und gut untermischen. Eiweiß mit einer Prise Salz zu steifem Schnee schlagen und unter die Quarkmasse heben.

Ofen auf 200 °C vorheizen. In eine gefettete Auflaufform abwechselnd Quarkmasse und Apfelspalten einschichten. Die Quarkmasse sollte den Abschluss bilden. Den Auflauf 30 bis 35 Minuten im vorgeheizten Ofen goldbraun backen. Stäbchenprobe machen: Bleibt an einem hineingesteckten Holzstäbchen kein Teig mehr hängen, kann der heiße Auflauf mit einer Vanillesauce serviert werden.

Ganz gleich, ob die Narrenzeit in den verschiedenen Regionen Fastnacht, Fasching oder Karneval genannt wird, in jedem Fall ist es die Zeit vor dem sechswöchigen Fasten bis Ostersamstag. So wurde traditi-

Pfannkuchen
(wie *Berliner* eigentlich richtig heißen)

onell an den Tagen bis Aschermittwoch alles verarbeitet, was in der Fastenzeit tabu ist. An den sogenannten drei tollen Tagen ließ man es noch einmal richtig „krachen", am Samstag vor dem Rosenmontag wurden Reste der Lagerhaltung wie zum Beispiel Eier oder Schmalz noch zum Backen genutzt. In einigen Regionen spricht man sogar heute noch vom *Schmalzsamstag*.

Der Legende nach wurde der Pfannkuchen im Jahr 1756 in Berlin erfunden.

Ein ortsansässiger Bäcker hätte gerne in der Armee Friedrich des Großen gedient, war aber als Kanonier dienstuntauglich. Da man ihn jedoch als Feldbäcker im Heer anstellte, soll er sich mit dem Hefeteiggebäck in Form von Kanonenkugeln bedankt haben. Diese füllte er mit süßer Konfitüre.

Heute werden die Pfannkuchen nicht nur mit roter Marmelade gefüllt, sondern auch mit Puderzucker bestäubt oder mit einer Zuckerglasur überzogen. Die Füllung kann entweder vor dem Backen zwischen zwei Teighälften eingebracht oder nach dem Backen mit einer Pfannkuchenspritze „injiziert" werden. Warum man nun speziell in der Karnevalszeit gerne mal einen Pfannkuchen mit Senf statt Konfitüre füllt, ist nicht mehr nachzuvollziehen. Wahrscheinlich hat sich diesen Schabernack mal jemand einfallen lassen, der sehen wollte, wie einem Narren die Gesichtszüge entgleisen ...

Nicht wesentlich später entstand bereits mein Berufswunsch (Herbert Frauenberger, um 1953)

Übrigens verläuft immer noch eine (imaginäre, zum Glück) Grenze zwischen Ost- und Westdeutschland, und zwar eine Sprachgrenze: Während die Ostdeutschen selbstverständlich *Pfannkuchen* sagen, heißt das Schmalzgebäck im Rest der Republik *Kräppel*, *Krapfen* oder eben *Berliner* – was wohl eine Reminiszenz an die Herkunft oder den Erfinder selbst ist.

Im Osten haben wir uns Pfannkuchen übrigens nicht nur zur Karnevalszeit schmecken lassen: Denn selbst in Mangelzeiten gab es diese in fast jeder Bäckerei. Natürlich mit Marmelade gefüllt und nicht mit Senf. Oder?

für 10 Stück:

500 g Weizenmehl Type 405

1 Würfel Hefe (42 g)

1 TL Salz

3 TL Zucker

2 Eier

etwas Milch

50 g Butter

Frittierfett (Pflanzenfett hart oder halbflüssig)

Puderzucker zum Bestäuben nach Belieben

zum Füllen möglichst eine rote Marmelade

Das Mehl in eine nicht zu kleine Schüssel geben. Die Hefe zerbröseln und mit dem Salz und dem Zucker gut vermischen. In der Mitte des Mehls eine Mulde formen und die Hefemischung hineingeben. Eier in einen Messbecher schlagen und mit so viel lauwarmer Milch auffüllen, bis 1/4 Liter auf der Skala abgelesen werden kann. Das Milch-Ei-Gemisch gut verrühren und die geschmolzene und auf Zimmertemperatur abgekühlte Butter zugeben. Mischung zum Mehlansatz geben, alles gründlich zusammenkneten und den Teig bei Zimmertemperatur abgedeckt etwa **20 Minuten** an einem zugfreien Ort ruhen lassen.

Teig nochmals gut durchkneten und daraus etwa 10 ca. 90 g schwere runde Teigrohlinge formen und auf einem Backblech an einem warmen Ort (eventuell der auf etwa **40 °C** abgekühlte Backofen) noch einmal **45 Minuten** gehen lassen.

In einem großen Kochtopf das Frittierfett erhitzen und die Pfannkuchen darin von jeder Seite etwa **2 bis 3 Minuten** hellbraun frittieren. Zum Abtropfen auf Küchenkrepp legen.

Anschließend mit der Marmelade befüllen, am besten mithilfe einer Krapfen- oder Garnierspritze oder auch mit einem Spritzbeutel. Die noch warmen Pfannkuchen mit reichlich Puderzucker bestäuben oder in Streuzucker wälzen.

Kalter Hund – Schokoladen-Keks-Kuchen

Vorneweg: Der *Kalte Hund* ist weder ein ungelöster Fall aus der Tierschützer-Szene noch ein Ausflug in die chinesische Küche. Während mich im Allgemeinen Kuchen und Plätzchen „kalt" lassen, so ist es beim *Kalten Hund* ganz anders. In meiner Kindheit kam er leider nur selten auf den Tisch, denn Schokolade oder Kakao waren damals noch rar, auch wenn man das heute schon fast vergessen hat.

Der gut durchzogene, schwere und saftige Kuchen ohne Backen mit dem lustigen Namen ist nicht umsonst sehr populär geworden. Doch woher stammt diese schwarzweiß gestreifte Köstlichkeit? Die einen ordnen den Kalten Hund der Zeit nach dem Zweiten Weltkrieg zu, denn die Kriegsjahre und die schwere Zeit danach weckten die Sehnsucht nach süßem Schokoladengenuss. Andere Quellen belegen, dass in den 1920er Jahren die Firma Bahlsen den Kuchen entwickelte, um den Absatz ihrer Kekse anzukurbeln. Egal woher der Kuchen kommt – der Kalte Hund wurde zum Knüller, vor allem auf Kindergeburtstagen. Heiß begehrt waren vor allem die Endstücke, weil dort die Schokoladenmasse besonders dick war.

Aber wie ist der Name des Kuchens nicht auf den, sondern zum *Hund* gekommen? Möglicherweise waren es die im Bergbau als *Hunte* bezeichneten Transportwagen für Erz und Abraum. Mit etwas Phantasie könnte man die Kastenform zum Einschichten des Kekskuchens wieder erkennen.

Interessant ist, dass der Kuchen, bevor es in Deutschland flächendeckend Kühlschränke gab, Kellerkuchen hieß: Da er unbedingt einige Stunden zum Durchziehen und Festwerden kalt gelagert werden muss, landete er einst im kühlen Keller. Eingebürgert haben sich auch *Lukullus* oder *Kalte Schnauze*. Letztere führt wieder zum Hund, denn gesunde Hunde haben bekanntlich eine kalte Schnauze – und gut gekühlt sollte man diese süße Versuchung ja auch zu Tisch bringen. In England spricht man vom *Chocolate Biscuit Cake*, den im Übrigen Prince William sehr schätzt, weshalb dieser Kuchen auch bei seiner Hochzeit mit Kate Middleton nicht fehlen durfte: Stattliche 17 Kilogramm Schokolade und etwa 1700 Kekse wurden verarbeitet. Allerdings hat der *Chocolate Biscuit Cake* eine runde Form. Kein Wunder: Die Prinzenrolle ist ja auch bekanntlich nicht kantig …

Den „Hüftspeck" kann man mit Kaltem Hund nicht bekämpfen, aber glücklich macht er uns allemal. Auf jeden Fall Ihre Kinder und Kindeskinder auf dem nächsten Geburtstagsfest.

Zutaten für eine Kastenform mit ca. 25 cm Länge:

450 g Vollmilch-Kuvertüre

150 g Zartbitter-Kuvertüre

150 g Kokosfett

200 ml Schlagsahne

1 geh. EL Vanillezucker

250 g Butterkekse

Mit einem stabilen Messer beide Kuvertüren in grobe Stücke zerteilen, ebenso das Kokosfett. Alles zusammen in eine Schüssel oder in einen Schlagkessel (am besten aus Metall) geben und auf einen passenden Topf mit etwas kochendem Wasser setzen. Schlagsahne zugeben und alles auf niedriger Hitze unter ständigem Rühren auf dem Wasserbad schmelzen lassen. Zum Schluss Vanillezucker einstreuen und so lange rühren, bis sich dieser aufgelöst hat.

Eine geeignete Kastenform mit Klarsichtfolie auslegen, sodass diese noch an beiden Seiten etwa 10 cm über den Rand reicht. Die Schokoladenmasse ca. 5 mm hoch einfüllen und mit Butterkeksen belegen, dann abwechselnd Schokoladenmasse und Butterkekse einschichten.

Wenn alles verbraucht ist, den „Kalten Hund" mit der überhängenden Klarsichtfolie verschließen und mindestens **6 bis 8 Stunden**, besser **einen ganzen Tag**, in den Kühlschrank stellen.

Aus der Form stürzen, Klarsichtfolie entfernen und den Kuchen mit einem scharfen Messer in fingerdicke Scheiben schneiden.

Tipp

Essen ausschließlich Erwachsene den Kalten Hund, kann man nach Belieben unter die Schokoladenmasse etwas Rum geben.

An meine Leipziger Studienzeit an der Hotelfachschule erinnere ich mich gern. Auch weil es mir dort bestimmte Singvögel angetan haben – aber keine Bange, ich meine nicht die gefiederten Gesellen und

Leipziger Lerchen

ich möchte auch nicht an die mittelalterliche Tradition anknüpfen, diese zu verspeisen. Ich meine die berühmten *Leipziger Lerchen*.

Die Geschichte beginnt im 17. Jahrhundert in den Auenlandschaften rund um die Stadt Leipzig. Die waren damals ein wahres Vogelparadies. Vor allem im Frühling und Herbst kamen die Vögel in Scharen, um sich hier auf der „Durchreise" niederzulassen. Schnell wurden die verhältnismäßig großen Lerchen als Delikatesse entdeckt und mit Netzen gefangen. Ein einträgliches Geschäft: Vor allem wohlhabende Leipziger kauften die begehrten Le-

ckerbissen. Im Salzgässchen nahe des Leipziger Marktplatzes boten die sogenannten *Lerchenfrauen* die gerupften und bratfertigen Vögel an. Sie waren oft mit Kräutern und Eiern gefüllt, mitunter sogar mit Butter bedeckt und einzeln in Papier gewickelt. Geschäftstüchtige Kaufleute brachten die auf diese Weise vorbereiteten Lerchen in speziellen Schachteln, zu ein oder zwei Dutzend verpackt, in weit entfernte Städte wie Hamburg oder sogar bis nach Frankreich, Spanien und Russland.

Das Geschäft blühte – aus den Chroniken geht hervor, dass in Leipzigs Umland millionenfach Lerchen gefangen und getötet wurden. Daher forderten immer mehr naturverbundene Menschen ein Ende des Singvogelfanges. Erst viele Jahre später, 1876, reagierte endlich der sächsische König Albert I. auf die Proteste und verbot die Lerchenjagd.

Das schaurige Kapitel sollte sich noch zum Guten wenden: Einige pfiffige Leipziger Bäcker sannen nach einem Gebäckstück, das an die Leipziger Lerchen erinnern und

die Vögel dennoch schützen sollte. So entstand aus Mürbeteig, etwas Erdbeerkonfitüre, Mandeln, Nüssen und Marzipan ein Törtchen, das den Vogelkörper darstellen soll. Sogar an die typischen, über Kreuz gebundenen Fäden, mit denen die küchenfertigen Lerchen verschnürt wurden, hatte man gedacht: Diese wurden mit zwei Mürbeteigstreifchen symbolisiert. Das Herz der Lerche fand man in Form einer Kirsche, eingebettet in der Marzipan-Mandelfüllung. In guten, traditionsbewusst geführten Bäckereien und Konditoreien der quirligen Messestadt Leipzig werden auch heute noch nach diesem überlieferten Rezept die *Leipziger Lerchen* hergestellt. Und natürlich trinkt zumindest der Sachse auch noch ein *Schäälschen Heeßen* dazu, um dem Ruf des *Kaffeesachsen* Rechnung zu tragen.

für den Teig:

250 g Weizenmehl Type 405

250 g Butter

70 g Zucker

1 Ei

1 TL Weinbrand

1 Prise Salz

für die Füllung:

125 g Butter

150 g Puderzucker

2 Eigelb

175 g geriebene Mandeln

1 Spritzer Bittermandelöl

75 g Weizenmehl Type 405

2 EL Speisestärke

4 Eiweiß

50 g Erdbeerkonfitüre

12 Maraschino-Kirschen

Zutaten für den Teig gut miteinander vermischen und einen Mürbeteig herstellen, der etwa **30 Minuten** im Kühlschrank ruhen sollte.

Für die Füllung die weiche Butter mit dem Puderzucker glatt rühren und nacheinander Eigelb, geriebene Mandeln, das Bittermandelöl, Mehl und die Speisestärke unterrühren. Alles gut vermengen. Die Eiweiß zu steifem Schnee schlagen und unter die Masse heben.

Den Teig etwa 1 cm dick ausrollen und damit zwölf gebutterte, passende Förmchen (evtl. Muffinförmchen) auslegen. Den Teig mehrfach mit einer Gabel einstechen. Den übrig gebliebenen Teig in dünne Streifen schneiden. Nun die Marzipanmasse bis zur Hälfte einfüllen. Darauf jeweils einen Klecks Konfitüre und eine Maraschino-Kirsche geben und dann mit der restlichen Marzipanmasse auffüllen.

Je zwei Streifen Mürbeteig kreuzweise auflegen und leicht andrücken. Törtchen im vorgeheizten Backofen bei etwa **175 °C** ca. **20 Minuten** backen und dann sofort zum Auskühlen stürzen.

Heidelbeer-Quark-Sahnetorte

Zu meinen schönen Kindheitserinnerungen zählen die Tage, an denen meine Großmutter zum Sammeln der *schwarzen Beeren* in Richtung Inselsberg mobil machte. Genau genommen meinte sie die *Heidelbeeren*, die im Monat August als eine der köstlichsten Waldfrüchte heranreifen. Sie wachsen an kleinen Halbsträuchern auf sauren und eher kargen Wald- und Moorböden.

Der Name Heidelbeere entspringt aber wohl dem Umstand, dass sie auch auf der Heide gut gedeiht. Von Region zu Region kursieren für die gleiche Beere unterschiedliche Namen wie *Blaubeere*, *Waldbeere* oder *Bickbeere*. Wie man sie auch nennen mag, sie besitzen mit ihrer sehr feinen Säure und dem Aroma einen einzigartigen und kaum zu übertreffenden Geschmack. Doch damit nicht genug, sie sind auch reich an Vitaminen und Mineralstoffen – also richtig gesund.

Bereits im Mittelalter kannte man neben den geschmacklichen Vorzügen auch die Heilwirkung der Heidelbeere. So sind z. B. getrocknete Heidelbeeren ein hervorragendes Mittel gegen Durchfall. Heidelbeeren enthalten Karotene, die das Immunsystem stärken. Der in der Schale enthaltene Farbstoff Anthocyan hat die Eigenschaft, bei Herz-Kreislauf-Krankheiten, Verschleißerscheinungen des Alters oder sogar bei Krebserkrankungen stabilisierend zu wirken. Der hohe Gehalt an Pektinen macht die Beeren sehr magenfreundlich, und sie wirken verdauungsregulierend. So werden Heidelbeeren als altbekanntes Heilmittel heute neu entdeckt.

Heidelbeeren können sehr vielseitig in der Küche verwendet werden. Gerne erinnere ich mich an die selbst gemachten Hefeklöße mit warmem Heidelbeerkompott. Lustig fanden wir als Kinder immer die blauen Zähne und Lippen, die durch den blauen Farbstoff des Fruchtfleisches der Waldheidelbeere entstehen. Bei der Kulturheidelbeere, die es übrigens auch bereits seit mehr als einhundert Jahren gibt, sind die blauen Farbstoffe im Fruchtfleisch nicht enthalten. Sie befinden sich ausschließlich in der Schale und so gibt es beim Verzehren keine blauen Zähne. Die Früchte der Kulturheidelbeere sind mehr als doppelt so groß wie die der wild wachsenden Sträucher. Allerdings stehen sie im Geschmack den Waldfrüchten um einiges nach. Frisch gepflückte Heidelbeeren lassen sich hervorragend einfrieren und sehen nach dem Auftauen beinahe wie frisch gepflückt aus – und lassen sich prima verarbeiten.

Die gefürchteten Heidelbeerflecken in Textilien lassen sich übrigens wirkungsvoll mit Zitronensaft behandeln. Man reibt den Fleck mit ausgepresstem Zitronensaft gründlich ein und wäscht anschließend das Wäschestück nach Waschanleitung.

Und jetzt ein Rezept für eine traumhafte Sommertorte – sogar etwas für „Kuchenmuffel" wie mich …

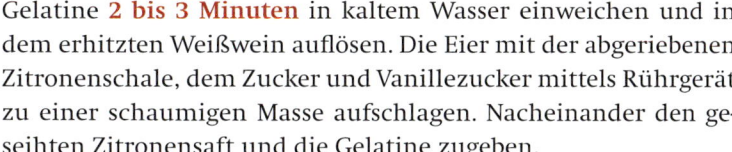

für 1 Torte mit 26 cm Ø

*1 fertiger Tortenboden aus
Mürbteig oder Biskuit (ca. 200 g)*

8 Blatt Gelatine

2 EL Weißwein

2 Eier

*abgeriebene Schale und Saft von
1 Bio-Zitrone*

150 g Zucker

1 Pck. Vanillezucker

500 g Magerquark

*200 g Heidelbeerjoghurt
(gekauft oder aus Naturjoghurt,
Früchten, etw. Zucker und
1 Spritzer Zitronensaft selbst
hergestellt)*

*500 g Heidelbeeren (frisch
oder TK)*

1/4 l Schlagsahne

Gelatine **2 bis 3 Minuten** in kaltem Wasser einweichen und in dem erhitzten Weißwein auflösen. Die Eier mit der abgeriebenen Zitronenschale, dem Zucker und Vanillezucker mittels Rührgerät zu einer schaumigen Masse aufschlagen. Nacheinander den geseihten Zitronensaft und die Gelatine zugeben.

Quark und Heidelbeerjoghurt bei geringer Umdrehungszahl unterrühren. Anschließend am besten mit einem Holzlöffel die Heidelbeeren und danach die geschlagene Sahne vorsichtig unterheben.

Um den Tortenboden einen Tortenring stellen (am besten eignet sich ein verstellbarer, 6 cm hoher Tortenring), in diesen die Masse mittels Teigschaber gleichmäßig hineingeben und glatt streichen. Danach für mindestens **3 bis 4 Stunden** in den Kühlschrank stellen, bevor man den Tortenring entfernen und die Torte aufschneiden kann.

Rezeptverzeichnis

Bildnachweis

Colourbox.de (S. 9, 37, 79, 89); Fotolia.com (Titel unten, S. 11: Fischer Food Design; S. 15: TwilightArtPictures;
S. 19: Corinna Gissemann; S. 21: silencefoto; S. 33: Doris Heinrichs; S. 35: Helge Schubert;
S. 43: hecke71; S. 47: Kolotuschenko; S. 49: vladi59; S. 51: aoteaora; S. 53: oksix; S. 55: nature4life;
S. 61: kab-vision, S. 65: st-fotograf; S. 67: rainbow33; S. 69: minadezhda; Titel o. l., S. 76: Henry Czauderna;
S. 81: vkuslandia; S. 85: HandmadePictures, S. 87: lilechka75; S. 91: L. Giunta; S. 93: Superhasi;
S. 95: bit24);
Privatarchiv Herbert Frauenberger (S. 6 Mitte, S. 10, 16, 23, 28, 32, 36, 52, 56, 58, 62, 68, 86);
Dr. Lutz Gebhardt (Titel o. r., S. 2, 6, 27, 59); Christine Türpitz (S. 12); J. Waller (S. 13);
weimar GmbH/ Maik Schuck (S. 31); NoRud (S. 75).